iff texte

Band 8

SpringerWienNewYork

Das Öffentliche organisieren

Herausgegeben von
Ralph Grossmann
Klaus Scala

SpringerWienNewYork

Herausgeber: Univ.-Prof. Dr. Ralph Grossmann
für die Fakultät für Interdisziplinäre Forschung und Fortbildung (Klagenfurt, Graz, Wien) der Universität Klagenfurt
Redaktion: Mag. Silvia Bohrn

SPIN: 10911082
Printed in Austria

SpringerWienNewYork ist ein Unternehmen
von Springer Science + Business Media
springer.at

Satz: Reproduktionsfertige Vorlage des Herausgebers
Druck: Manz, A-1050 Wien
Graphische Gestaltung: Erhard Waldner

Gedruckt auf säurefreiem, chlorfrei gebleichtem Papier - TCF

Mit 2 Abbildungen

Bibliografische Information Der Deutschen Bibliothek
Die Deutsche Bibliothek verzeichnet diese Publikation in der Deutschen Nationalbibliografie; detaillierte bibliografische Daten sind im Internet über http://dnb.ddb.de abrufbar

ISSN 1433-2760
ISBN 3-211-83897-X SpringerWienNewYork

Editorial

Der Wandel im Verständnis und in der Organisation öffentlicher Leistungen gehört zu den folgenreichsten gesellschaftlichen Entwicklungen der Gegenwart. Ausgliederungen und Privatisierungen wie z.B. von Post, Bahn und Telekommunikation, partielle Schulautonomie und Organisationsreform der Universitäten oder die Beauftragung von profitorientierten Unternehmen mit Flüchtlings- und Asylantenbetreuung sind Puzzlesteine eines tief greifenden Umbauprozesses der Gesellschaft, der die Art und Weise ihres Funktionierens und Zusammenhalts nachhaltig prägt.
Die Auseinandersetzung mit unterschiedlichen öffentlichen Leistungen durch Forschung und gestaltende Intervention ist ein identitätsstiftendes Leitthema der iff. Das früher interuniversitär konstruierte Institut wurde selbst reorganisiert und ist seit 1. 1. 2004 als neue Fakultät für Interdisziplinäre Forschung und Fortbildung der Universität Klagenfurt (http://www.uni-klu.ac.at) konstituiert – mit Standorten in Klagenfurt, Graz und Wien. Ein Blick in die Programme und Publikationen der neuen Fakultät zeigt eine ganze Reihe von Projekten zur Reform öffentlicher Leistungen, an denen Organisationseinheiten der iff-Fakultät engagiert sind (http://www.iff.ac.at, vgl. auch die vorliegenden Bände 1-7 der iff texte). Der vorliegende Band rückt den Prozess des Organisierens von Public Goods in den Fokus der forschenden Beobachtung und der praktischen Gestaltung. Die Wahl der Organisationsform, die Art und Weise, wie Veränderungsprozesse zwischen Organisationen realisiert werden, nach welchen Organisationsprinzipien und Werten in die Entwicklung von Organisationen und ihre Leistungen für die Gesellschaft investiert wird, entscheidet nachhaltig über die Qualität dieser Leistungen und ihre kulturellen Rückwirkungen auf die Organisationen selbst sowie auf die Gesellschaft. *Der Prozess macht den Unterschied in der Organisierung von Public Goods.*
Hans Pechar liefert mit seinem Beitrag zu den Veränderungen im Verständnis öffentlicher Güter eine differenzierte Folie, von welchen ökonomischen, technologischen und ideologischen Kräften die Veränderungsprozesse in der Organisation öffentlicher Leistungen vorstrukturiert sind.
Die darauf folgenden Beiträge beschreiben und diskutieren Prozessmodelle für die Gestaltung von Arbeits- und Entscheidungsprozessen zwischen selbstständigen Organisationen bzw. innerhalb von dezentral verfassten Dienstleistungsbetrieben. Es geht im Kern um einen Musterwechsel in der Steuerungskonzeption, etwa zwischen Ministerium und selbstständigen Universitäten oder Fachhochschulen, zwischen Schulbehörde, Schulen und Wissenschaft oder zwischen dem General Management und den selbstständigen Leistungseinheiten sowie den Mitarbeiterinnen einer Expertenorganisation. *„Von der Hierarchie zum Netzwerk" beschreibt diese neue Beziehung zwischen selbstständigen Systemen und Kooperationspartnern.* Die Beiträge versuchen zu zeigen, wie viel an organisationaler Intelligenz mobilisiert werden muss und auch kann, um pro-

duktive gesellschaftliche und betriebliche Entwicklungen zwischen selbstständigen Partnern sowie mit Einbeziehung von Know-how und Interessen von Bürgern, Mitarbeiterinnen und unterschiedlichen Expertengruppen zu gestalten. Wissenschaft und Organisationsberatung bewähren sich hier als fachlich engagierte Prozessgestalter zwischen den Systemen.

Der Beitrag von Ralph Grossmann und Hubert Lobnig sowie das Interview mit Andrea Ecker analysieren ein Prozessmodell der Kooperation zwischen Bundesministerium, Universitäten, Fachhochschulen und beratenden Expertinnen in der Entwicklung neuer Medien in der Lehre.

Ralph Grossmann und Alfred Janes reflektieren ein Prozessmodell, das mit dem Ziel entwickelt wurde, die schwer definierbaren Leistungen von Experten in einem dezentral verfassten Dienstleistungsbetrieb qualitativ beschreibbar und bewirtschaftbar zu machen.

Peter Heintel und Larissa Krainer diskutieren die Möglichkeiten der gesellschaftlichen Konfliktregelung durch ein Prozessmodell der professionell begleiteten Mediation zwischen Systemen mit ganz unterschiedlichen Zielen und Funktionslogiken am Beispiel des Ausbaus des Wiener Flughafens.

Thomas Stern beschreibt ein Prozessmodell zur Entwicklung der Leistungsfähigkeit des österreichischen Schulsystems auf dem Gebiet der naturwissenschaftlichen Bildung. Lernen im Netzwerk und Stimulierung der Eigenleistungen von Gruppen und Organisationen sind die leitenden Prinzipien dieses Innovationsprogramms, fachlich konzipiert und beraten von der iff.

Das GATS (General Agreement on Trade in Services) wird im zweiten Themenblock des Bandes als massive Intervention in die Organisation öffentlicher Leistungen diskutiert. In Beiträgen von Egon Matzner, Ralph Grossmann und Klaus Scala werden die Vorträge und Diskussionsergebnisse einer Tagung zum GATS, veranstaltet von der iff-Abteilung „Organisationsentwicklung – Organizing Public Goods“, gebündelt. Die Gestaltung der Beziehungen zwischen den Organisationen der Politik und der Verwaltung, den marktorientierten Unternehmungen und Einrichtungen der Zivilgesellschaft wird als Schlüsselthema markiert.

Die „Beilage“ zu den iff texten 8 dokumentiert Ergebnisse einer weiteren iff-Studie der Abteilung „Organisationsentwicklung – Organizing Public Goods“ zum Thema „Nutzung von Beratung in der Organisationsreform öffentlicher Leistungen“. Diese Beilage ist auch als Sonderdruck erhältlich (Infos: http://www.iff.ac.at/oe/doeo). Die Studie behandelt aus der Sicht von Auftraggebern, Projektleiterinnen und Beratern Qualitäts- und Erfolgskriterien für den Einsatz von Beratung sowie aktuelle Trends in der Nutzung von Organisationsberatung durch Verwaltung und öffentliche Dienstleistungsorganisationen.

Egon Matzner, Autor in diesem Band und als Forscher, Experte und politisch aktiver Bürger seit Jahrzehnten in der Reform des Öffentlichen engagiert, ist 2003 kurz nach unserer Tagung zum GATS plötzlich verstorben. Es ist uns eine Ehre, eine seiner letzten Publikationen herauszugeben.

Ralph Grossmann, Klaus Scala, Silvia Bohrn

Inhalt

Hans Pechar

Über Veränderungen im Verständnis „öffentlicher Güter“

Seit Anfang der 1990er Jahre hat es in Österreich in zahlreichen Bereichen, die für die Bereitstellung „öffentlicher Güter“ zuständig sind, tief greifende Reformen gegeben, in denen ein schleichender, selten explizit thematisierter Wandel im Verständnis des „Gemeingutcharakters“ zum Ausdruck kommt. Dieser Beitrag stellt die Diskussion über das Spannungsverhältnis öffentlicher und privater Komponenten in den breiteren Kontext der Frage, wie sich in den letzten Jahren generell das Verständnis öffentlicher Güter geändert hat.

Man kann die Theorie öffentlicher Güter auch als ökonomische Formulierung dessen verstehen, wie eine Gesellschaft die Balance individueller und kollektiver Handlungsfelder definiert. Welche Felder kann sie den individuellen Entscheidungen ihrer Mitglieder überlassen, wo ist es nötig, kollektive Maßnahmen zu setzen? Diese Relationen haben sich in der Geschichte der bürgerlichen Gesellschaft mehrfach verschoben. Die Analysen von Swaan (1993) vermitteln ein beeindruckendes Bild von den gesellschaftlichen Lernprozessen, die im 18. und 19. Jahrhundert dazu geführt haben, bestimmte Probleme als kollektive Angelegenheit zu begreifen und kollektive Formen ihrer Bewältigung zu suchen. Die erhöhte gesellschaftliche Sensibilität gegenüber diversen „externen Effekten“ („soziale Frage“, Defizite in der Bildungs- und Gesundheitsversorgung) war eine Voraussetzung für das Entstehen des „sorgenden Staates“ und die sukzessive Erweiterung seines Aktionsradius. Die auf den Zweiten Weltkrieg folgenden Jahrzehnte stellen den – vorläufigen? – Kulminationspunkt dieser Entwicklung dar. In diesen Jahren haben die ökonomischen und politischen Eliten ein geschärftes Bewusstsein von den Grenzen der Marktlogik und den Notwendigkeiten kollektiver Vorsorge- und Sicherungssysteme entwickelt. Das hatte auf der Ebene sozialwissenschaftlicher Reflexion seine Entsprechung in einer „starken“ Theorie der öffentlichen Güter. Das Adjektiv „stark“ bezieht sich auf die relativ weit gehenden Annahmen über das Marktversagen und die Notwendigkeit staatlicher Interventionen.

Die starke Definition öffentlicher Güter im dritten Viertel des 20. Jahrhunderts war das Ergebnis eines „historischen Kompromisses“ bzw. einer sukzessiven Annäherung wirtschaftsliberaler und sozialistischer Ideologien hinsichtlich der Rolle des Staates im kapitalistischen System. Ende des 19. Jahrhunderts gab es erste Ansätze zu einem gemischten Wirtschaftssystem, in dem – unter marktwirtschaftlichen Rahmenbedingungen – auch öffentliche Unternehmen ihren Platz hatten. Aber bis zur Mitte des 20. Jahrhunderts betrachtete die Sozialdemokratie die öffentlichen Unternehmen als Zwischenetappe auf dem Weg zum Sozialismus, während die Vertreter der Wirtschaft die Rolle des Staates so eng wie möglich begrenzten. Nach dem Zweiten Weltkrieg wurde die wirtschaftliche Rolle des Staates von beiden Seiten neu definiert (vgl. Ambrosius 1984).

Die Sozialdemokratie machte ihren Frieden mit dem Kapitalismus; daher betrachtete sie die öffentlichen Unternehmen nicht mehr als Vorboten der neuen Gesellschaft, sondern als konstitutives Element der Marktwirtschaft. Auf der anderen Seite betonte das vom Ordo-Liberalismus der Nachkriegsära geprägte Konzept der „sozialen Marktwirtschaft" eine aktive Rolle des Staates. Dieser historische Kompromiss hat etwa dreißig Jahre gehalten und es waren diese „dreißig glorreichen Jahre" (Dahrendorf 1994, S. 142 ff.), die bis heute die Maßstäbe unserer sozialen und politischen Ordnung geprägt haben.
In der Zwischenzeit hat sich das Blatt freilich gewendet, der Wohlfahrtsstaat befindet sich ökonomisch, politisch und ideologisch in der Defensive, die Marktlogik ist dabei, neues Terrain zu besetzen. Die „soziale Marktwirtschaft", die den Interessenausgleich von Arbeitgebern und Arbeitnehmern betonte, wurde vom „Shareholder value" in den Hintergrund gedrängt. Das sich über zwei Jahrhunderte erstreckende Wachstum des Staates und der Staatsausgaben, das Ökonomen wie Wagner und Schumpeter in den Rang eines „Gesetzes" hoben, ist zum Stillstand gekommen und hat sich tendenziell umgekehrt (Hood 1996). Der Konsens darüber, was in den Bereich der öffentlichen Verantwortung fällt, welche kollektiven Versorgungsleistungen nötig bzw. wünschenswert sind, wurde deutlich schmäler. In mehreren Feldern zieht sich der Staat aus der Bereitstellung und Finanzierung von Gütern zurück und überlässt gewinnorientierten Unternehmen und NGOs das Feld. An die Stelle öffentlicher Subventionen treten das Äquivalenzprinzip und private Sponsoren.
Im Einklang damit hat sich das Verständnis vom Marktversagen geändert. Es hat eine Art „Umkehr der Beweislast" stattgefunden, im Zweifelsfall unterstellt man heute mehrheitlich Staatsversagen. Das „starke" Konzept öffentlicher Güter wird von einem „schwachen" Konzept verdrängt. Diese Schwäche zeigt sich auf mehreren Ebenen:

- Einige öffentliche Güter, die als natürliche Monopole definiert waren, werden durch technische Innovationen für den Markt geöffnet.
- Die Fähigkeit nationaler Regierungen zur Finanzierung und Bereitstellung öffentlicher Güter wird durch externe Interdependenzen beeinträchtigt.
- Die normativen Grundlagen öffentlicher Güter werden durch endogene soziokulturelle Prozesse erschüttert.

1. Marktöffnung durch technische Innovationen

a) Innerhalb weniger Jahre hat sich der Bereich der Telekommunikation durch eine Vielzahl technischer Innovationen (Digitalisierung, Entwicklung leistungsfähiger Kabelnetze, neue Formen drahtloser Übertragung) fundamental gewandelt. Diese technischen Umwälzungen haben zum einen ein verbessertes Angebot ermöglicht. Bei fallenden Preisen und steigender Qualität ist eine gewaltige Ausdehnung im Volumen dieser Güter erfolgt. Zum anderen haben diese Umwälzungen ein wichtiges Segment der öffentlichen Wirtschaft für den Markt „geöffnet". Frühere Annahmen über ein „natürliches Monopol" auf Grund einer technischen Begrenzung der Übertragungsmöglichkeiten sind obsolet geworden.

Die nationalen Postverwaltungen in Europa definierten das „natürliche Monopol" freilich sehr breit: Neben dem Leitungsnetz und der Übertragungstechnik umfasste es auch das Diensteangebot und die Endgeräte. Noch in den 1990er Jahren verteidigte die staatliche Post das „Modem-Monopol", während es de facto durch massenhafte Eigenimporte billigerer und besserer Geräte unterlaufen wurde. Die bremsende Rolle der staatlichen Behörden bei der Durchsetzung der neuen Technologien hat nicht unwesentlich zum Image der Schwerfälligkeit und Innovationsfeindlichkeit des öffentlichen Sektors beigetragen.

Die Maßnahmen der EU zur Liberalisierung der Telekommunikation haben einen ohnehin unaufhaltbaren Prozess nur beschleunigt. Weder bei der drahtlosen Telefonie noch im Bereich des Festnetzes lässt sich heute ein natürliches Monopol rechtfertigen. Die Monopole staatlicher Behörden wurden beseitigt, neue Technologien haben sich von vornherein außerhalb der Domäne staatlicher Regulierung entwickelt. Der öffentliche Sektor hat ein quantitativ und qualitativ wichtiges Segment verloren.

b) Das Internet, die Leittechnologie des 21. Jahrhunderts, ist von vornherein außerhalb des Bezugsrahmens territorialstaatlich verfasster Gesellschaften entstanden, es war immer schon ein Symbol und zugleich ein Katalysator der „postnationalen Konstellation". Die Stoff- und Grenzenlosigkeit des Internet macht seine nationalstaatliche Kontrolle unmöglich. Die Entwicklung des Internet wurde in der Frühphase vom US-Militär und später von der National Science Foundation subventioniert; von Anfang an wurde es als dezentrales, auf Selbstorganisation beruhendes Netzwerk konzipiert.

Freilich hätte alles auch anders kommen können: In den 1970er Jahren gab es einen Konflikt zwischen den Internet-Pionieren, die für ein „anarchisches", dezentrales Konzept eintraten, und den nationalen Postbehörden europäischer Staaten, die die neue Technologie unter ihre Kontrolle bringen wollten und ein am Telefon inspiriertes öffentliches Datennetz propagierten* (vgl. Hoffmann/Hofmann 2001). Demzufolge hätten alle Computer eines Landes über ein von den nationalen Postbehörden kontrolliertes Datennetz zusammengeschlossen werden sollen; es hätte eine zentrale Kontrolle über den

* Im Zentrum der Kontroverse stand das Design der Netzarchitektur. Das „Paketvermittlungsprinzip", die von den Internet-Pionieren favorisierte Technik der Informationsübertragung, setzte an die Stelle hierarchisch aufgebauter Telefonnetze ein „verteilt und redundant gestaltetes System lose verbundener Netzknoten. [...] Aus der Perspektive der Telefonwelt verletzte die Paketvermittlungstechnik alle Qualitätsgrundsätze und Organisationsprinzipien, die den Sprachverkehr konstituieren" (Hoffmann/Hofmann 2001, S. 123).

Netzbetrieb sowie verbindliche Normen für Hersteller und Nutzer gegeben: die technische Basis für das Internet als öffentliches Gut im nationalen Rahmen. Ein Pilotprojekt dieses Konzepts wurde in einigen europäischen Ländern Ende der 1970er Jahre unter dem Label „X.25" erprobt. Dass sich das Internet de facto nicht unter öffentlicher Kontrolle, sondern „jenseits von Staat und Markt"* entwickelt hat, ist vor allem auf die Unterstützung des dezentralen Konzepts durch das Militär** zurückzuführen. Später haben Wissenschaftler an US-Universitäten das Internet bis zu jener Reife entwickelt, die seine breite Durchsetzung ermöglichte.

Es ist möglich, dass die paternalistische Netzvariante gegenüber der schließlich realisierten manche Vorteile gehabt hätte (z.B. keine Pornographie, keine Nazipropaganda); sie hätte auch den Interessen mancher gesellschaftlichen Gruppen besser entsprochen (vor allem jenen, die mit dem Tempo der „beschleunigten Gesellschaft" nicht mithalten können oder wollen); andererseits hätte das Netz dadurch viel von jener Kreativität eingebüßt, die es zur Leittechnologie des 21. Jahrhunderts macht.

c) Die Liberalisierung im Bereich der elektronischen Medien zeigt, wie technischer Wandel und veränderte Einstellungen ineinander greifen. Vor der Einführung von Kabelnetzwerken und Satellitenübertragung unterlag die Ausstrahlung von Hörfunk- und Fernsehprogrammen technischen Beschränkungen, die in Europa als Legitimation der öffentlich-rechtlichen Monopolanstalten galten. Ein Blick in die USA, wo sich trotz des Mangels an Frequenzen kein öffentliches Monopol durchgesetzt hat, lässt freilich vermuten, dass in Europa kulturelle Motive den Ausschlag dafür gaben, den Rundfunk als eine Art öffentliches Gut zu definieren. Jene Massenmedien, die sich direkt an die Sinne wenden und nicht über ein abstraktes Symbolsystem vermittelt sind, wurden von den Eliten (zu Recht) als Bedrohung ihrer kulturellen Hegemonie wahrgenommen (vgl. Maase 1997). Sie mussten domestiziert, einem öffentlichen Regulativ unterworfen werden. Der Bildungsauftrag macht aus den Rundfunkprogrammen ein öffentliches Gut. Ein Rundfunkprogramm, das den Qualitätskriterien der Kulturelite gerecht wird, ist ein meritorisches Gut, es kommt nur zustande, wenn man die Wahlmöglichkeiten der gewöhnlichen

* Obwohl das Internet also der Logik des paternalistisch definierten öffentlichen Guts nicht entspricht, stand der Gemeinnutzen der Netzarchitektur bei der weiteren Entwicklung im Vordergrund.

** Erklärungsbedürftig ist die Allianz des Militärs mit einer autoritätskritischen intellektuellen Subkultur. Man würde zunächst eine Geistesverwandtschaft der Organisationslogik des Militärs mit einem hierarchisch strukturierten Netz, wie es die nationalen Postbehörden anstrebten, vermuten. Die Militärs unterstützten die „anarchische" Variante, weil sie eine Kommunikationsstruktur aufbauen wollten, die auch bei einem atomaren Ernstfall, der die hierarchischen Befehlsnetze zerschlagen würde, funktionsfähig bliebe.

Medienkonsumenten drastisch reduziert. Das Angebot darf nicht durch die Nachfrage gesteuert werden, sonst sinkt das Niveau.
Parallel zu den technischen Innovationen, die den Frequenzenmangel beseitigt haben, sind auch die Legitimationsgrundlagen für den Bildungsauftrag einer öffentlichen Monopolanstalt geschwunden. Die rasche Liberalisierung in der Medienpolitik ist nur vor dem Hintergrund der Erosion paternalistischer Politikmuster verständlich. Gewiss, der Wettbewerb zwischen öffentlichen und privaten Sendern hat keine Steigerung der Qualität, sondern eher einen „race to the bottom" bewirkt; mit dieser Einschätzung erntet man weit über die Grenzen intellektueller Konsumasketen hinaus Zustimmung. Aber was folgt daraus? Gefährden Talkshows und Sitcoms etwa die Volksgesundheit? Noch in den 1950er Jahren hätte die Politik diese Frage bejaht und unter den Wählern weitgehende Zustimmung geerntet. In der Multi-Optionsgesellschaft gibt es keine Akzeptanz mehr für einen „sorgenden Staat", der seine Bürger vor niveaulosen Rundfunkprogrammen zu bewahren sucht.

d) Vermutlich stehen wir erst am Anfang einer Entwicklung, in deren Verlauf öffentliche Güter über technische Innovationen für Märkte geöffnet werden. Die neuen Informationstechnologien erlauben eine immer präzisere Zuordnung von Leistung, Kosten und Nutzen. Daher verringern sich jene Bereiche, die betriebswirtschaftlich als Gemeinkosten und volkswirtschaftlich als öffentliche Güter definiert werden. Die Allmende wird durch Kostenwahrheit verdrängt, der Raum für individuelle Kosten/Nutzen-Kalküle wird erweitert. Die Akzeptanz von Quersubventionierungen verringert sich, was der politischen Gestaltungsmöglichkeit Grenzen setzt.

2. Der Staat in der postnationalen Konstellation

Die externen Interdependenzen, die unter dem Schlagwort Globalisierung diskutiert werden, machen eine Neudefinition der Rolle des Nationalstaates notwendig. Natürlich dient der Druck der globalen Märkte häufig als Vorwand, um umstrittene Maßnahmen einer Regierung als Sachzwang darzustellen. Andererseits ist die wachsende Zahl globaler Akteure, die die Handlungsfähigkeit nationaler Regierungen begrenzen, unübersehbar. Czempiel spricht von „rund 40.000 Transnationalen Korporationen, deren 250.000 Tochtergesellschaften die Weltwirtschaft dominieren" (Czempiel 2003, S. 19). Dazu treten mehr als 25.000 NGOs (ebd.), die nicht nur den innenpolitischen Kontrollanspruch, sondern auch das Außenpolitik-Monopol der politischen Systeme unterlaufen. Nationale Regierungen unterliegen zunehmend einer Legitimationskontrolle durch NGOs in der Wirtschaftspolitik (z.B. Rating-Agenturen, IWF), aber auch in der Menschenrechts- (amnesty international) oder Umweltpolitik (Greenpeace). Jenseits der Staatenwelt sind transnationale Räume entstanden, in denen ein wachsender Teil des ökonomischen und kulturellen Geschehens „internationalen Regimes" unterworfen und der herkömmlichen politischen Kontrolle entzo-

gen ist. Das hat die Möglichkeiten nationaler Regierungen stark eingeengt, eine eigenständige, von den weltweit dominanten Trends abweichende Politik zu betreiben.
Die Schwächung des Nationalstaates hat weit reichende Rückwirkungen auf die Funktionssysteme moderner Gesellschaften. Das nationale Territorium bildet den Rahmen für die gemeinwohlorientierten Leistungen moderner Staaten. Das Konzept „öffentlicher Güter" setzt die Kongruenz wirtschaftlicher, politischer und kultureller Räume voraus. In den Nationalstaaten des 20. Jahrhunderts war diese Deckungsgleichheit gegeben, nun wird die historische Relativität und Fragilität dieser Konstellation deutlich.
Das europäische Modell des Wohlfahrtsstaates ist von diesen Transformationen im Kern betroffen. Unabhängig von nationalen Besonderheiten zeichnet es sich durch die Betonung einheitlicher Lebensverhältnisse (Ergebnisgleichheit) aus, während das amerikanische Modell gleiche Startchancen betont (bei hoher Akzeptanz ungleicher Ergebnisse) (Münch 2001).
Die dichte Versorgung mit öffentlichen Gütern hat einen vergleichsweise hohen Grad an Marktunabhängigkeit individueller Lebensumstände bewirkt. Nun werden die Spielräume für sozialen Ausgleich – d.h. für eine kollektive Teilung der Wohlstandszuwächse – innerhalb der nationalen Räume enger. Unter den Bedingungen des globalen Wettbewerbs übt das schwache Wohlfahrtsmodell der USA einen Druck auf Europa aus.
Der Machtverlust nationaler Regierungen äußert sich zum einen in der Haushaltskrise, die teilweise daraus resultiert, dass sich die mobilen Wirtschaftsfaktoren erfolgreich einer Besteuerung entziehen. Das erschwert die staatliche Finanzierung öffentlicher Güter. Ein weiterer Faktor ist der Druck supranationaler Verbände (z.B. EU) und internationaler Regimes (z.B. WTO) in Richtung Liberalisierung und Öffnung nationaler Räume. Dieser Druck setzt der Subventionierung bestimmter als meritorisch eingestufter Güter enge Grenzen, auch dort, wo diese Praktiken von der eigenen Bevölkerung akzeptiert werden. Z.B. gerät die französische Regierung unter Druck, wenn sie nationale Kulturleistungen vor der Konkurrenz der globalen Kulturindustrie schützen will. Im Bildungsbereich gibt es eine kontroverse Diskussion darüber, ob und in welcher Weise GATS die Gestaltungsmöglichkeiten der nationalen Bildungspolitiken begrenzt.

3. Erosion der normativen Basis öffentlicher Güter

Die Fähigkeit nationaler Regierungen zur Bereitstellung und Finanzierung öffentlicher Güter wird nicht nur von außen untergraben. Im Inneren verlieren diese Güter an Akzeptanz, weil sie einerseits den individualisierten Bedürfnissen nicht mehr entsprechen und weil andererseits die Autorität des Staates zur Definition meritorischer Güter in Frage gestellt wird.

a) Die These von der Individualisierung der Lebenslagen (vgl. Beck/Beck-Gernsheim 1994) ist in unserem Zusammenhang von Interesse, weil mit der Freisetzung Einzelner aus den Bindungen traditioneller Sozialmilieus sich auch kollektive Solidaritäten auflösen bzw. schwächer werden. Wenn die Tragfähigkeit kollektiver Interessen abnimmt, verschiebt sich der Fokus vom Gemeinwohl zum privaten Nutzen. Unter diesen Bedingungen gibt es einen Trend von kollektiven Gütern zum Markt. Öffentliche Angebote sind relativ einförmig und reflektieren entweder bestimmte normative Erwartungen (merit goods) oder bilden einen Durchschnittswert, einen Kompromiss der heterogenen Präferenzen in der Zielgruppe ab. Der Markt ist besser geeignet, den immer subtileren Differenzierungen privater Interessen und Vorlieben Rechnung zu tragen, als der Staat oder andere öffentliche Organisationen, die einer kollektiven Willensbildung unterliegen.

Traditionell haben öffentliche Versorger wie Behörden agiert; sie haben ihre Zielgruppe nicht als Kunden umworben, die – da sie mehrere Optionen haben – auch abwandern könnten, sondern als Bittsteller, die man notfalls mit hoheitlicher Gewalt zur Räson bringen kann (z.B. Schulpflicht bei einem Quasimonopol öffentlicher Bildungseinrichtungen, das Monopol des öffentlichen Rundfunks etc.). Solange man der einzige (relevante) Anbieter ist, kann man sich ein bestimmtes Maß an Unzufriedenheit auf Seiten der „Kunden" erlauben. Nun aber spielt Kundenzufriedenheit eine bedeutendere Rolle (da das Monopol wackelt bzw. in manchen Bereichen schon gefallen ist). Zugleich steigen die Ansprüche der Klienten, die sich mit Standardlösungen nicht mehr abspeisen lassen, sondern zunehmend individuell zugeschnittene Lösungen verlangen.

Während der Konsumgütermarkt in der „fordistischen Phase" von standardisierten Massenprodukten dominiert war, wird das Güterangebot nun zunehmend auf individuelle Vorlieben zugeschnitten. Die Aura der Einzigartigkeit, die auf diese Weise erzeugt wird, mag eine Illusion sein, aber jedenfalls entsteht bei den Konsumenten eine erhöhte Anspruchshaltung, von der auch öffentliche Güter nicht ausgenommen sind. Die Erwartungshaltungen, die durch die Erfahrungen auf privaten Gütermärkten entstehen, werden teilweise auf den Bereich der Kollektivgüter übertragen, was hier zu schwer reparablen Imageschäden führt. Es liegt ja in der Natur von Kollektivgütern, dass sie nicht auf individuelle Bedürfnisse zugeschnitten werden können. Bei allen Gütern, bei denen sich private mit öffentlichen Komponenten mischen, entsteht durch das gestiegene Gewicht individueller Präferenzen ein Druck in Richtung Privatisierung.

b) Das Selbstbewusstsein der Individuen gegenüber Autoritäten hat zugenommen, parallel dazu hat sich seine Durchsetzungsfähigkeit innerhalb formeller Hierarchien und bürokratischer Organisationen verstärkt. Die obrigkeitsstaatliche Aura, die das Verhältnis von Staatsbürger und öffentlicher Gewalt noch in der Mitte des 20. Jahrhunderts umgab, hat sich verflüchtigt. Selbst in großen Teilen der Hoheitsverwaltung und noch stärker bei der Leistungsverwaltung wird dieses Verhältnis heute in Analogie zu kommerziellen Mustern interpretiert (der Bürger als Kunde staatlicher Dienstleistungen). Auch die Definition von „Gemeinwohl“ ist einem Wandel unterworfen. Die paternalistische Tradition, die kollektive Ordnungen als von Obrigkeiten und Eliten vorgegeben betrachtet, ist einem liberaleren Verständnis gewichen, das darin eher die Resultante des Zusammenwirkens freier Bürger sieht. Diese demokratiepolitisch erfreulichen Entwicklungen untergraben aber die Akzeptanz jener öffentlichen Güter, bei denen politische Entscheidungsträger die Konsumentensouveränität in Frage stellen; das ist bei meritorischen Gütern und Vertrauensgütern der Fall.

Literatur

Ambrosius, Gerold (1984): Der Staat als Unternehmer. Vandenhoeck & Ruprecht, Göttingen

Beck, Ulrich/Beck-Gernsheim, Elisabeth (Hg.) (1994): Riskante Freiheiten. Individualisierung in modernen Gesellschaften. Suhrkamp, Frankfurt/Main

Czempiel, Ernst-Otto (2003): Weltpolitik im Umbruch. (4. Aufl.) Beck, München

Dahrendorf, Ralf (1994): Der moderne soziale Konflikt. Essay zur Politik der Freiheit. dtv, München

David, Paul A. (1999): The Political Economy of Public Science. http://www-econ.stanford.edu/faculty/workp/swp99022.html

Evers, Adalbert/Rauch, Ulrich/Stitz, Uta (2002): Von öffenlichen Einrichtungen zu sozialen Unternehmen. Hybride Organisationsformen im Bereich sozialer Dienstleistungen. Edition Sigma, Berlin

Habermas, Jürgen (1998): Die postnationale Konstellation. Politische Essays. Suhrkamp, Frankfurt/Main

Hoffmann, Ute/Hofman, Jeanette (2001): Monkeys, typewriters and networks: Das Internet im Lichte der Theorie akzidentieller Exzellenz. In: Berthoin Antal, Ariane/Krebsbach-Gnath, Camilla (Hg.): Wo wären wir ohne die Verrückten? Zur Rolle von Außenseitern in Wissenschaft, Politik und Wirtschaft. Edition Sigma, Berlin, S. 119-140

Hood, Christopher (1996): Umkehrung der Theorie wachsender Staatstätigkeit. In: Grimm, Dieter (Hg.): Staatsaufgaben. Suhrkamp, Frankfurt/Main, S. 93-124

Maase, Kaspar (1997): Grenzenloses Vergnügen. Der Aufstieg der Massenkultur 1850-1970. Fischer, Frankfurt/Main

Münch, Richard (2001): Offene Räume. Soziale Integration diesseits und jenseits des Nationalstaats. Suhrkamp, Frankfurt/Main

Swaan, Abram de (1993): Der sorgende Staat. Wohlfahrt, Gesundheit und Bildung in Europa und den USA der Neuzeit. Campus, Frankfurt/Main

Ralph Grossmann, Hubert Lobnig

Projektmanagement und Netzwerkentwicklung

Zwei Strategien zur Steuerung öffentlicher Leistungen am Beispiel der Initiative „Neue Medien in der Lehre" (NML)

1. Kooperation von Organisationen als Angelpunkt gesellschaftlicher Reform

Die Organisation bereichsübergreifender Arbeits- und Verhandlungsprozesse ist ein Angelpunkt für gesellschaftliche Reformen und Unternehmensentwicklung. Die fortschreitende Arbeitsteilung zwischen den Organisationen und die wachsende Spezialisierung von Organisationen erzeugen gesellschaftlich wie betrieblich einen ständig wachsenden Koordinationsbedarf.

Die meisten gesellschaftlichen Reformprojekte sind ohne Kooperationen zwischen den Organisationen nicht realisierbar. Die aktuellen Beispiele für diesen Bedarf sind zahlreich, etwa die Kooperation zwischen Gesundheitspolitik und Verwaltung, Versicherungsanstalten, Krankenhäusern und niedergelassenen Ärzten sowie die Steuerung solcher Verbünde in der Kranken- und Altersversorgung; die Kooperation zwischen der öffentlichen Hand als Auftraggeber und Wirtschaftsorganisationen oder Organisationen der Zivilgesellschaft in der Entwicklung öffentlicher Leistungen (vgl. die Beiträge von Grossmann, Scala, Heintel/Krainer und Stern in diesem Band sowie Grossmann 2003). Ebenso ist der Erfolg von Unternehmen ohne solche Kooperationen mit Mitbewerbern im Zuge von strategischen Allianzen oder der Entwicklung von Partnerschaften kaum realisierbar.

Das in diesem Beitrag referierte Beispiel bezieht sich auf die Möglichkeiten und Notwendigkeiten der Kooperation zwischen dem Bundesministerium für Bildung, Wissenschaft und Kultur und Universitäten in der Entwicklung der österreichischen und europäischen Wissenschaftslandschaft, die Kooperation zwischen Universitäten und Fachhochschulen in ausgewählten Schwerpunkten, um im europäischen Raum international wettbewerbsfähige Leistungen zu erbringen. Die europäische und internationale Entwicklung auf den Bildungsmärkten, der wachsende Budgetdruck in der Finanzierung öffentlicher Leistungen und die rechtlich-organisatorischen Rahmenbedingungen des Universitätsgesetzes 2002 (UG 2002) werden die österreichischen Universitäten und Fachhochschulen in eine Situation der verschärften Konkurrenz versetzen (vgl. Peterson/Dill/Mets 1997). Gleichzeitig werden Kooperation und komplementäre Profile notwendig sein, um als Organisationen im europäischen Bildungsraum und weltweit erfolgreich sein zu können. Die Gleichzeitigkeit von Konkurrenz und Kooperation wird so wie auch in anderen gesellschaftlichen Sektoren die Situation prägen (Grossmann/Lobnig 2003).

Das, was von der gesellschaftlichen Entwicklungsdynamik her so dringlich erscheint und in Konzepten zu Public Governance (Jamöck 2002; König 1998;

Löffler 2001) normativ formuliert wird, ist in der organisatorischen Realisierung ein äußerst anspruchsvolles und weithin unterschätztes Vorhaben. Die Kooperation von Organisationen – sei es in Form von bereichsübergreifenden Projekten, sei es in Form von für bestimmte Reformanliegen eingerichteten Verhandlungssystemen, sei es in der Beteiligung an Netzwerken – macht es notwendig, Systeme mit ganz unterschiedlichen Interessen und Erfolgsvoraussetzungen, Arbeitslogiken, Traditionen und Betriebskulturen aufeinander zu beziehen. Die Entwicklung von jeweils passenden intermediären Systemen zur Organisation der Kooperation ist ebenso notwendig wie spezielles Know-how der Organisationsentwicklung, um solche Arbeits- und Verhandlungssysteme produktiv zu gestalten.

Das UG 2002 strukturiert die Beziehung zwischen dem Bundesministerium für Bildung, Wissenschaft und Kultur und den Universitäten – zumindest konzeptiv – grundlegend neu. Sie stehen einander als selbstständige Organisationen in einer sehr anspruchsvollen Steuerungsbeziehung gegenüber. Diese Kontraktbeziehung zwischen den autonomen, aber ungleichen Partnern wird in den nächsten Jahren prozessual auszugestalten sein. Es wird wesentlich von der Anlage der intendierten Verhandlungsprozesse abhängig sein, ob diese Steuerungsbeziehung mit den vorgesehenen Instrumenten von Globalbudget, Leistungsvereinbarungen, Indikatoren, Evaluation und Qualitätsmanagement zu neuer Bürokratie oder zu neuer Qualität in den interorganisationalen Beziehungen führen wird (vgl. Grossmann/Scala 2002).

Das Bundesministerium steht aber mit seiner bildungspolitischen Verantwortung nicht nur den einzelnen Universitäten gegenüber, sondern auch allen Universitäten und anderen Einrichtungen des tertiären Bildungssektors. Die Entwicklung dieses für die ökonomische und gesellschaftliche Entwicklung insgesamt so vitalen Sektors realisiert sich im – potenziellen – Netzwerk dieser Organisationen und seiner Verknüpfung mit anderen Organisationen wie Betrieben, internationalen Partnern in Forschung und Lehre sowie europäischen Förderprogrammen.

Das rückt zwei zentrale Fragen ins Zentrum des Interesses, denen hier nachgegangen werden soll. Wie können die Beziehungen in diesem Netz so gestaltet werden, dass sie für die beteiligten Partner entwicklungsförderlich sind und das Potenzial der Partner insgesamt angehoben werden kann? Wie kann das Bundesministerium in dieser Beziehungskonstellation wirkungsvolle Innovationsimpulse setzen – Impulse, die sich nicht nur auf einzelne Initiativen beziehen oder einzelne Organisationen in Abgrenzung gegenüber anderen fördern, sondern Innovationen im Wissenschafts- und Bildungssystem insgesamt bewirken? Steuerungstheoretisch betrachtet können das nur Impulse sein, die die Selbstentwicklungsfähigkeit der beteiligten Organisationen und ihre Netzwerkfähigkeit anregen.

Die Initiative NML des „Zukunftsministeriums" hat ihr Investitionsprogramm zur Entwicklung neuer Medien in Lehre und Weiterbildung an Universitäten und

Fachhochschulen in einem sehr bewusst gestalteten Prozess der Kooperation zwischen Organisationen realisiert. Dieses „Prozessmodell" soll hier als Fallstudie der bereichsübergreifenden Kooperation beschrieben und bilanziert werden. Es verknüpft Projektmanagement und Netzwerkentwicklung als Konzepte und Instrumente zur Ausgestaltung der Kooperation. Die Autoren, als Wissenschaftler und Berater an diesem aktuellen Thema der Organisationsentwicklung engagiert, haben das Vorhaben 3½ Jahre lang beraterisch unterstützt: Ralph Grossmann als Berater für die Konzeptualisierung des Gesamtprojekts in Bezug auf Fragen der Organisationsentwicklung und später vor allem als Berater des Steuerungssystems der Initiative; Hubert Lobnig als Berater des Forums Neue Medien und des „Serverprojekts" (siehe weiter unten); beide gemeinsam als Berater für die Entwicklung des Gesamtprojekts. Dieser Beitrag wird aus Sicht der Organisationsberater und mit der fachlichen Brille der systemischen Organisationsentwicklung geschrieben. Er ist zusätzlich fundiert in der kontinuierlichen Reflexion, die mit den beteiligten Systemen und Akteurinnen, der Steuerungsgruppe, dem Serverprojekt, im Forum Neue Medien, mit Projektleiterin und Geschäftsführung stattgefunden hat. Die Perspektiven der beteiligten Akteure und Systeme und die Wirkungen der Initiative werden auch im vorgelegten Schlussbericht herausgearbeitet, auf den wir uns im Folgenden mehrfach beziehen (BMBWK 2003).

2. Die Initiative NML – Ansatz, Organisationsform und Schritte der Entwicklung

Eine partizipativ entwickelte Plattform als Einstieg

In Zusammenarbeit mit Wissenschaftlerinnen von Universitäten und Fachhochschulen sowie mit Vertretern anderer Expertinnensysteme erarbeitete die für die Initiative federführende Abteilung des Ministeriums – heute Abteilung für Studieninnovation und universitäre Forschungsfragen – ein Handbuch „Neue Medien in der Lehre an Universitäten und Fachhochschulen" (BMBWK 2000). In einem Expertenworkshop Ende 1999 wurden die inhaltlichen und organisatorischen Leitlinien der Initiative diskutiert.

Als leitende Ziele wurden festgelegt:

- ***Innovationen in der Lehre:***
  Die neuen Möglichkeiten wie Multimedialität und Interaktivität sollen zur Qualitätsverbesserung in der Lehre sowie zur Internationalisierung des Lehrangebots führen.
- ***Verstärkte Kontakte:***
  Vorhandene Innovationsbestrebungen sollen zusammengeführt, fachübergreifende Kooperationen ermöglicht und Austauschplattformen eingerichtet werden.

- ***Erleichterung im Bildungszugang:***
  Der verstärkte Einsatz von Online-Studienangeboten soll es Studierenden und an Weiterbildung Interessierten unabhängig vom Zeitpunkt und Ort ermöglichen bzw. erleichtern, ein Studium zu betreiben (BMBWK 2000, S. 9).

Als Strukturen der Umsetzung wurden erarbeitet:

- *Unterstützung von Kooperationen,*
- *Ausbau der Vernetzung,*
- *Förderung des Wettbewerbs,*
- *Innovationen in der Weiterbildung des Lehrpersonals (BMBWK 2000, S. 25).*

Als Instrumente der Umsetzung wurden benannt:

- *Aufbau eines Forums Neue Medien,*
- *Einrichtung einer Steuerungsgruppe,*
- *Entwicklung eines Bildungsnetzes,*
- *Durchführung eines Förderprogramms,*
- *Ausbau der Weiterbildungsangebote (BMBWK 2000, S. 32).*

Das Handbuch lieferte eine konsistente Orientierung für die Anlage der Initiative und war selbst Ergebnis eines Diskussionsprozesses mit engagierten Akteuren in den anzusprechenden Bildungssystemen. Aber Leitbilder und Strategiepapiere sind geduldig. Ihr Erfolgskriterium erfahren sie in der organisatorischen Praxis.

Anspruchsvolle Aufgabenstellung in einer schwierigen Ausgangssituation

Die Initiative NML startete zur Zeit einer konfliktgeladenen Beziehungskonstellation zwischen Bundesministerium und Universitäten im Zuge der laufenden Universitätsreform. Das Verhältnis zwischen den Organisationen war eher von Misstrauen und Unsicherheit geprägt. Das alte bürokratische Steuerungssystem sollte definitiv zu Ende gehen, neue organisatorische Beziehungen waren noch nicht praktisch gelebt. In dieser Konstellation wurde die Initiative zu einer experimentellen Situation für die Erprobung von Elementen einer neuen Steuerungsbeziehung.

Das Anforderungsprofil für die tragenden organisatorischen Elemente der Initiative der Steuerungsgruppe und das Forum Neue Medien war anspruchsvoll.

- Qualitäts- und Beurteilungskriterien für das Förderprogramm waren zu entwickeln.
- Die entwickelten Kriterien fanden unter den Projektpartnern große Akzeptanz und werden die Nutzung der neuen Medien an Österreichs Hochschulen auch nachhaltig beeinflussen.
- In kooperativen Entscheidungsprozessen waren in zwei Ausschreibungsrunden rund 8 Millionen Euro zu vergeben. Von der Steuerungsgruppe wurden unter Einbeziehung eines internationalen Gutachterpools insgesamt 25 Projekte aus unterschiedlichen Fachbereichen ausgewählt.

- Die 25 Projekte wurden von Subteams der Steuerungsgruppe kontinuierlich betreut und in einem mehrstufigen Verfahren auch evaluiert.
- Kommunikative und interkollegiale Formen der Evaluierung mit hoher Transparenz des Prozesses und Lernchancen für alle Beteiligten wurden mit guter Resonanz erprobt.
- Verbindungen zu anderen IT-Projekten des Ministeriums und zu internationalen Projekten wurden hergestellt.
- Urheberrechtliche sowie andere juristische und organisatorische Fragen des Einsatzes neuer Medien an den Hochschulen wurden bearbeitet.
- Die Steuerungsgruppe traf sich dazu in mindestens zwölf ganztägigen Klausursitzungen. Der Hauptteil der Arbeit wurde aber virtuell erledigt.
- In insgesamt sechs Business-Meetings, an denen zwischen 40 und 150 Teilnehmer und Wissenschaftlerinnen teilnahmen, wurden Projekte präsentiert, Erfahrungen ausgetauscht und Kooperationen entwickelt. Anstöße für universitätsinterne Personal- und Organisationsentwicklung in Bezug auf den Einsatz neuer Medien wurden gestartet. Eine Plattform für die Zeit nach dem Projekt wird aufgebaut.

(Zu Bilanz und Wirkungen der Initiative vgl. den Abschlussbericht, BMBWK 2003.) Für die Realisierung des Kooperationsprojekts wurde eine differenzierte Arbeits- und Kommunikationsstruktur aufgebaut, die sich als leistungsfähig erwies.

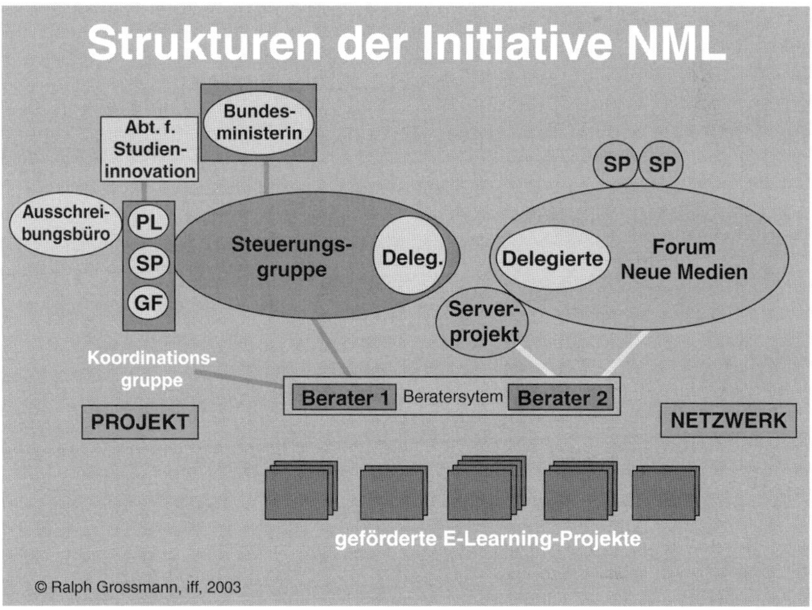

Abbildung 1: Strukturen der Initiative NML

Organisationales Lernen als Weichenstellung

Die Promotorinnen der Initiative verfolgten von Beginn weg das Ziel, Entwicklungsimpulse nicht nur auf der fachlichen Ebene zu setzen, sondern auch auf der Ebene der Organisationen, um Nachhaltigkeit zu fördern und die Wissenschaftsorganisationen zur Eigeninitiative zu stimulieren. Diese beiden Entwicklungsperspektiven, Förderung der fachlichen Community der Köpfe und Ideen sowie Entwicklung der Policy und der Strukturen – in jedem Veränderungsprozess die Dimensionen, die es konstruktiv zu verknüpfen gilt –, sorgten auch in der Initiative NML für Spannung. Die Initiative hat versucht, konsequent auf beiden Ebenen zu arbeiten, um die Verknüpfung von Fach, Person und Organisation kontinuierlich im Blick zu behalten.
Das Forum Neue Medien (FNM) wurde daher im ersten Schritt als Netzwerk von Organisationen angelegt. Das FNM sollte sich aus Vertreterinnen der Fakultäten, Universitäten und Fachhochschulstudiengänge zusammensetzen, die Erfahrungen mit Neuen Medien in der Lehre haben, Projekte durchführen und auch weiterhin den Einsatz Neuer Medien in der Lehre forcieren. Daher wurden Funktionsträger der österreichischen Hochschulen (Vizerektorinnen für die Lehre, Rektoren der Universitäten der Künste, Studiendekane, Fachhochschulerhalter, Präsident der Donauuniversität Krems, Vorstand der iff) vom BMBWK eingeladen, eine Vertreterin ihrer Organisationseinheit für ein Vernetzungsvorhaben zu nominieren (BMBWK 2003, S. 37). Die Delegierung wurde sehr unterschiedlich wahrgenommen. Das konstituierende Prinzip führte aber überwiegend Personen zusammen, die fachlich engagiert und gleichzeitig an organisatorischen Schaltstellen tätig waren. Auf die Ausgestaltung dieses organisatorischen Mandats konnte in der späteren Entwicklung des Forums zurückgegriffen werden (vgl. Kapitel 4). 41 dieser Akteurinnen im Bereich der Neuen Medien in der Lehre haben sich bei der Auftaktveranstaltung, dem Kick-off der Initiative, im Juni 2000 in Wien zu einer Plattform zusammengeschlossen, dem Forum Neue Medien (FNM).

Das Netzwerk als konstituierendes Prinzip

Die Initiative als soziales System wurde vom Promoter und Financier Bundesministerium nicht über eine Steuerungsgruppe top-down konstituiert, sondern über das breitere, offenere, partizipativere und trotzdem organisatorisch abgegrenzte Forum. Dadurch wurde der Netzwerkgedanke der Kooperation und Bündelung von Ideen und Ressourcen stark betont und in der Initiative glaubhaft verankert. Ein zentraler Tagesordnungspunkt des sehr lebendigen und energiegeladenen Kick-offs war die Wahl von sechs Mitgliedern in die Steuerungsgruppe. Die Mitglieder der Steuerungsgruppe sollten zum Teil vom Forum gewählt und zum Teil vom Ministerium nominiert werden. „Die Mitglieder der Steuerungsgruppe sollen eine kreative Mischung aus den vom FNM gewählten Vertreterinnen der Universitäten und Fachhochschulen und aus Experten für Neue Medien anderer Bereiche darstellen“ (BMBWK 2000, S. 34). Für viele überraschend konnte dieser erste organisatorische Entscheidungsprozess in guter Stimmung und weitgehend konfliktfrei durchgeführt werden. In einem einfachen, transparenten und straff moderierten Verfahren, nach vor Ort vereinbarten Spielregeln, wurden sechs Delegierte gewählt. Mit dieser Wahl wurde nicht nur der erste kooperative Schritt zur Konstituierung der Steuerungsgruppe gesetzt. Die Entscheidung hat auch geholfen, das Forum als System zu konstituieren. Organisationen entwickeln sich wesentlich über Entscheidungen. Organisationsfragen als ein Fokus der Arbeit des Forums wurden damit eingeführt. Mit dieser Wahl wurden nicht nur fachlich und organisatorisch stark positionierte Mitglieder der Steuerungsgruppe gewonnen. Die sechs Kollegen und Kolleginnen bildeten einen – in vielen heiklen Entwicklungsphasen der Initiative – ganz wichtigen persönlichen und institutionellen Link zwischen dem Netzwerk, also dem Forum Neue Medien, und der Steuerungsgruppe des Projekts.

Steuerungsgruppe oder Expertenrat

Im Juni 2000, nur ein Monat nach der Kick-off-Veranstaltung des Forums, wurde die Steuerungsgruppe konstituiert. 15 Mitglieder wurden von der zuständigen Bundesministerin ernannt und beauftragt. Zu den sechs vom Forum Delegierten kamen drei Expertinnen des Bundesministeriums, davon zwei aus der federführenden Abteilung mit der Abteilungsleiterin als Projektleiterin und Vertreterin der finanzierenden Organisation, und drei weitere Fachleute, zwei Experten aus Deutschland mit ausgewiesener internationaler Erfahrung auf dem Gebiet des e-Learnings sowie ein Vertreter der Wirtschaft (zur Zusammensetzung und den handelnden Personen vgl. BMBWK 2003, S. 52).
„Die Einrichtung einer Steuerungsgruppe soll garantieren, dass Entwicklungsschwerpunkte gemeinsam mit den Universitäten und Fachhochschulen erarbeitet werden. Diese Steuerungsgruppe ist als ein aktives Arbeitsteam zu verstehen, das ein Bündel an Aufgaben zu erfüllen hat und eine zielstrebige Umsetzung des Rahmenkonzepts und eine nachvollziehbare Mittelvergabe sichern soll“ (BMBWK 2000, S. 34).
Aus Organisationsentwicklungs-Sicht war hier die Weichenstellung: Kann die Expertengruppe sich wirklich als Arbeits- und Entscheidungssystem konstituieren oder wird sie in der traditionellen Rolle als relativ unverbindlicher Gutachterkreis für die Steuerungs- und Entscheidungsinstanz Ministerium verbleiben? Die konstituierende Sitzung fokussierte vor allem auf diese Frage. Die Gruppe entschloss sich, die Einladung zur Mitverantwortung und kollegialen Steuerung anzunehmen. Das Aufgaben- und Rollenprofil der Steuerungsgruppe wurde gemeinsam beschrieben. Spielregeln für die Arbeit wurden formell als Entwurf für eine Geschäftsordnung formuliert. Die Projektleiterin übernahm die Aufgabe, dieses Funktionsprofil der Steuerungsgruppe der entscheidungsbe-

fugten Ministerin zu vermitteln und den Handlungsspielraum im Rahmen des Projekts zu eröffnen. Damit war die Initiative als Projekt konstituiert. Die kooperative Steuerung zwischen den Partnern Bundesministerium, Universitäten und Fachhochschulen, unterstützt von Fachleuten aus dem Ausland, war angelaufen. Das Arbeitsbündnis der Steuerungsgruppe hat intern und im Verhältnis zum Ministerium und der Fachministerin 3½ Jahre gehalten. Keine einzige Entscheidung der Steuerungsgruppe (juristisch und verwaltungstechnisch als Entscheidungsvorbereitung für die Bundesministerin zu sehen) wurde später von den politischen und administrativen Entscheidungsinstanzen overruled. Alle Entscheidungen der Steuerungsgruppe wurden im Konsens getroffen, viele nach sehr differenzierenden und auch kontroversiell geführten Beratungen. Die Mitglieder waren fast alle bis zur letzten Sitzung mit hohem fachlichem und zeitlichem Engagement dabei.

Supportstrukturen werden eingerichtet
Das Serverprojekt und die Organisationsberatung

Für produktive Netze sind gute Server ein wesentliches Medium. Ein „Serverprojekt" wurde ausgeschrieben und vom Bundesministerium, beraten durch die Steuerungsgruppe, beauftragt. Die beraterische Unterstützung der Planungs- und Konstituierungsphase wurde mit dem Start der Steuerungsgruppe abgeschlossen. Die Organisationsberatung wurde ausgeschrieben und die Autoren haben als Partner den Zuschlag erhalten. Das aus zwei Personen bestehende Beratungssystem wird so ausdifferenziert und positioniert, dass ein Berater primär das Steuerungssystem des Projekts, also Projektleiterin, Geschäftsführung und Steuerungsgruppe, unterstützt und einer das Netzwerk, also das Forum Neue Medien und das Serverprojekt.
Damit war die komplexe Grundstruktur der Initiative aufgestellt. Bereits im September legte die Steuerungsgruppe die Qualitäts- und Erfolgskriterien für die erste Ausschreibungsrunde zum Förderprogramm fest. Eine auf die Konzeption und Abwicklung von IT-gestützten Arbeitsprozessen spezialisierte Firma wurde mit der Online-Durchführung der Ausschreibung beauftragt. Im November 2000 wurde das erste Business-Meeting des Forums Neue Medien durchgeführt.
In weniger als sechs Monaten wurde die Initiative, organisiert als Verknüpfung von Projekt und Netzwerk, aufgebaut und arbeitsfähig gemacht; ein enormes Arbeitspensum vor allem für die Hauptakteurinnen, die Projektleitung und die Geschäftsführung im Ministerium. Aber die Schnelligkeit und Entschlossenheit, mit der die Strukturen sozial eingerichtet und vertraglich gesichert wurden, waren sehr wichtig, um die Ernsthaftigkeit und den Charakter der Initiative zu betonen, Kooperation rasch erfahrbar zu machen und die Arbeitsfähigkeit des Gesamtsystems herzustellen.

3. Erfolgsfaktoren des Prozessmodells

Die flexible Verbindung von Projektmanagement und Netzwerkentwicklung war aus der Sicht der Organisationsentwicklung das interessante und zugleich erfolgskritische Merkmal der Initiative. Die Steuerungsgruppe fungierte als Kernelement des Projekts, das Forum als organisatorische Basis des Netzwerks. Die beiden Organisationsformen und Entwicklungsstrategien waren strukturell, personell und von der Arbeitskultur her eng verflochten. Das Projekt NML enthielt Elemente der Netzwerkbildung. Im Forum Neue Medien wurde kontinuierlich auch projektförmig gearbeitet. Aber die Stärken des jeweiligen Ansatzes wurden auch aufgabenspezifisch genutzt.
In diesem Kapitel werden aus der Perspektive der Arbeit der Steuerungsgruppe – und ihres Beraters – die Qualitätsmerkmale des Vorgehens beschrieben, die zum Teil auch für die Entwicklung des Forums Bedeutung hatten. In den Kapiteln 4 und 5 werden mit Blick auf das Netzwerk und aus der Erfahrung des für das Forum zuständigen Beraters einige Erfolgsfaktoren beschrieben, die umgekehrt für die Steuerungsgruppe und die Initiative insgesamt wirksam geworden sind.

Strukturbildung und Settingsgestaltung als zentrale Steuerungsleistungen

Kooperation braucht Strukturen, an und in denen sie entstehen kann. Die Definition und Einrichtung dieser Strukturen ist eine unverzichtbare und heikle Steuerungsleistung am Beginn einer Kooperation. Die Organisationsparadoxie besteht darin, dass diese Interventionen, vor allem, wenn es sich um eine neue Initiative handelt, in der Regel nur einseitig von einem der späteren Kontraktpartner gestaltet werden können. Diese strukturbildende Leistung ist einerseits kräftig und mit der nötigen Entschiedenheit zu erbringen, damit Zielorientierung entstehen kann und die organisatorische Grundlage für die ersten gemeinsamen Schritte geschaffen wird. Gleichzeitig ist diese Strukturbildung für die Beteiligung der Partner offen zu halten. Es braucht gut vorausgedachte und stabile Strukturen, um gemeinsame Zielorientierung, Arbeitsfähigkeit und Vertrauen in die Leistungsfähigkeit des Kooperationssystems entstehen zu lassen. Andererseits müssen sie adaptions- und revisionsfähig gehalten werden, um die Interessen und Ideen der Partner aufzunehmen und die Strukturen kooperativ weiterentwickeln zu können. Die Organisationsstrukturen und Spielregeln des Arbeitens müssen diese kooperative Entwicklung vorsehen und dafür auch geeignet sein.
Eine gute Balance zwischen Antizipation durch die Initiatoren und partizipativer Weiterentwicklung ist zu finden. Das gilt besonders am Anfang eines Kooperationsprojekts, aber auch bei allen Weichenstellungen im Verlauf. Transparenz und Glaubwürdigkeit im Vorgehen sind besonders erfolgskritische Faktoren.

Die formulierten Ziele müssen in den einzelnen Prozessschritten und konkreten Arbeitssituationen erlebbar werden.
Berater können in solchen Phasen besonders wirkungsvoll unterstützen, da sie als Anwälte des neuen Systems Optionen für Organisationsformen und Prozessschritte ohne einseitige Interessenbindung und mit Blick auf das Kooperationssystem anbieten können. Auch die Fachexpertise der Organisationsentwicklung ist hier gefragt, um bewährte und andererseits maßgeschneiderte Strukturen und Arbeitsweisen anbieten zu können.
Diese strukturbildende Arbeit ist eine (Dienst-)Leistung, die kontinuierlich erbracht werden muss und oft unterschätzt wird – fachlich und was den Aufwand betrifft.

Führung und Kooperation sind keine einander ausschließenden Gegensätze

Auch kooperative Arbeitsprozesse brauchen Führung, sie brauchen mehr und differenziertere Steuerungsleistungen als hierarchisch angelegte Verfahren. Diese Arbeit ist sehr fordernd für die engagierten Personen und braucht differenzierte Kommunikationsstrukturen, um die gewünschte Wirkung zu erzielen.
Die Führungspersonen müssen die Arbeit zielstrebig und mit Autorität vorantreiben und gleichzeitig den Einfluss teilen, die Interessen und das Know-how anderer Partner aufnehmen und sich auf eine kooperative Steuerungsarbeit einlassen. Der kooperative Charakter der Führung muss sich in den formellen Strukturen abbilden und praktisch effizient realisiert werden. Am Beispiel NML: Die Projektleiterin des Bundesministeriums, mit ihrem Team die treibende Kraft des Gesamtvorhabens, führte den Vorsitz in der Steuerungsgruppe. Die Steuerungsgruppe wählte aus dem Kreis der Wissenschaftlerinnen einen etablierten e-Learning-Experten als Sprecher. Die Projektleiterin, die Geschäftsführerin des Projekts – eine erfahrene Mitarbeiterin der federführenden Abteilung – und der Sprecher der Steuerungsgruppe leisteten als so genannte Koordinationsgruppe, unterstützt von einem Berater, diese kooperative Steuerung vor und zwischen den Steuerungsgruppensitzungen. Die Sitzungen wurden inhaltlich und organisatorisch vorbereitet, die Ergebnisse der Klausuren in Arbeitspläne übersetzt und weiterverfolgt. In diese Koordinationsarbeit wurden auch andere Mitglieder der Steuerungsgruppe themenspezifisch einbezogen, z.B. als Leiter von Arbeitsgruppen. Zur Verknüpfung von Steuerungsgruppe und Forum Neue Medien wurden in heiklen Phasen des Projekts auch die Sprecher des Forums und die Vertreterin des Serverprojekts in die Koordinationsgruppe integriert. Auf diese Weise konnten ad hoc notwendige Führungsmaßnahmen gesetzt werden, ohne die Steuerungsgruppe zu übergehen. Die Steuerungsgruppe konnte ihre Energie in fachlich und organisatorisch gut vorbereiteten Klausurtagungen einbringen. Die eigentliche inhaltliche Steuerungsarbeit – im Sinn von fachlich-strategischer Entwicklungsarbeit und Entscheidungen – wur-

de in der Steuerungsgruppe als Kooperationssystem geleistet. Der Aufwand für eine solche kooperative Führungsarbeit ist hoch, der Ertrag liegt in einem breit abgestützten fachlichen Outcome und in der wesentlich höheren Akzeptanz und Einsatzbereitschaft bei allen Beteiligten. Attraktivität und Glaubwürdigkeit der Initiative als Kooperationsprojekt haben sich wesentlich an der Erfahrung mit einer solchen kooperativen Steuerungsarbeit entschieden. Das gilt ganz vergleichbar für das Netzwerkmanagement im Forum Neue Medien.

Produktive Verbindung von „Projekt" und „Linie"

Die fachlich-strategische Entwicklung der Initiative, die Ausschreibung und Vergabe der Fördermittel sowie die Betreuung und Evaluierung der geförderten e-Learning-Projekte wurden mit Hilfe eines konsequenten Einsatzes von Projektmanagement organisiert. Die Vertreterinnen der Universitäten und Fachhochschulen in der Steuerungsgruppe, das Team des Bundesministeriums sowie die zusätzlich nominierten Experten bildeten, unterstützt von den Organisationsberatern und dem Ausschreibungsbüro, ein sehr eigenständiges, von der administrativen Linie des Ministeriums differenziertes Arbeits- und Kooperationssystem mit eigenen Spielregeln und einer spezifischen Arbeitskultur. Gleichzeitig war das Projekt sehr gut in der Routineorganisation des Bundesministeriums verankert und wurde von den Entscheidungsträgern in der Linie engagiert mitgetragen. Dem Projekt wurde Handlungs- und Entscheidungsspielraum eingeräumt und eine unbürokratische Arbeitsform ermöglicht. Die Mitglieder des Projekts waren bereit, die damit verbundene Verantwortung kollegial zu übernehmen, Entscheidungen gemeinsam zu treffen und nach außen zu vertreten. Die Verankerung in der Linie wurde über mehrere Elemente gesichert: über das Projektteam des Ministeriums in seiner Doppelrolle, eine Verankerung in der Geschäftseinteilung, eine darauf bezogene Geschäftsordnung der Steuerungsgruppe, die Unterstützung durch die übergeordneten Linienvorgesetzten und die Bereitschaft der Bundesministerin, den kooperativ abgestützten und fachlich ausgewiesenen Entscheidungen der Steuerungsgruppe zu folgen.

Die Ausgestaltung dieses „Links" zwischen Projekt und Linie ist ein Schlüssel für die Beteiligung der Verwaltung an Kooperationen mit anderen Organisationen, aber auch für Kooperation zwischen mehreren Verhandlungssystemen. Das Projekt als eigenständiges soziales System, als Kooperationssystem, macht einerseits eine Arbeit nach eigenen Spielregeln möglich – Spielregeln, die für die Ziele der Kooperation funktional sind. Das Projekt kann andererseits Wirkung im Sinn des organisationalen Lernens der beteiligten Systeme nur über die Rückbindung an die Linie, den Transfer zurück in die Routine-Organisation erreichen. Das verweist auch auf die weiter unten beschriebene doppelte Funktion des Forums Neue Medien als Netzwerk von Organisationsvertreterinnen und Netzwerk der Scientific Community.

Kompetente Geschäftsführung und Administration

Organisationen entwickeln sich über Kommunikation. Kooperation zu organisieren ist besonders kommunikationsintensiv. Durch die kompetente und effiziente Geschäftsführung und Administration seitens des ministeriellen Projektteams wurde ein Großteil der Kommunikationsarbeit geleistet (vgl. BMBWK 2003, S. 52). Sehr unterschiedliche Arbeits- und Organisationslogiken waren zu bedienen: die der Verwaltung, durch die Vertragsgestaltung und das Vertragscontrolling in Bezug auf die geförderten Projekte, die des Projekts im Management der Steuerungsgruppe sowie die des Netzwerks in der Beteiligung am Forum Neue Medien. Über das Kommunikationsnetzwerk zwischen Geschäftsführung, Serverprojekt, Koordinationsgruppe, Berater und Ausschreibungsbüro – von der Geschäftsführerin gebündelt, jeweils rückgekoppelt an die Projektleiterin und die Steuerungsgruppe – wurde das in vielen Reformprojekten sträflich unterschätzte Kommunikationsmanagement abgewickelt. Eine Geschäftsführung dieser Art erfordert aktive Kommunikation; auf Bringschuld in der Kommunikation kann man sich nicht verlassen. Die Verknüpfung der unterschiedlichen Arbeits- und Kommunikationsformen ist dabei neben den geforderten juristischen und themenspezifischen Kenntnissen die große Herausforderung.

Entscheiden ist Arbeit – die Steuerungsgruppe als Arbeitssystem

Unserer Erfahrung nach besteht in den meisten Veränderungsprojekten die Tendenz, die Arbeit der Entscheider oder Steuerkreise zu knapp zu bemessen und auch inhaltlich zu vernachlässigen. Auf der so genannten inhaltlichen oder ausführenden Ebene wird in Projektgruppen intensiv gearbeitet und auf der Ebene der Entscheiderinnen wird mit kurzen Routinesitzungen auszukommen versucht. Organisationen entwickeln sich aber wesentlich an der Qualität der strategischen Steuerungsleistungen und an der Qualität der Entscheidungen.
Die hohe Investition in die Steuerungsgruppe NML hat sich gelohnt. Sie hat sich als Arbeitssystem bewährt. Die Kooperationsidee der Initiative wurde auch hier praktisch gelebt. Von gegenseitigem Vertrauen getragene und daher auch in schwierigen Phasen des Projekts belastbare Beziehungen konnten aufgebaut werden (zur Arbeit solcher Steuerungssysteme vgl. Grossmann 2002).
Die Mitglieder der Steuerungsgruppe haben für ihre Mitwirkung zwar eine Aufwandsentschädigung erhalten, sie mussten aber zweifellos überproportional investieren. Dieses hohe Engagement hat meiner Beobachtung nach mit folgenden Dimensionen der Arbeit zu tun: fachliches Engagement am Thema, die Möglichkeit der Mitgestaltung und Steuerung, wachsendes Interesse am Kooperationsmodell und an den anregenden Arbeitsbeziehungen, Entwicklungschancen für die anderen professionellen Rollen in den entsendenden Organisationen, Bindungswirkung der ausgehandelten Spielregeln, Loyalität gegenüber der kooperativen Arbeit, Spaß an dieser Art von Arbeit.

Arbeitskultur und Engagement der Beteiligten stehen in einem engen Zusammenhang. Wenn solche Gremien nicht auch für sich genommen stimulierende Arbeitserfahrungen ermöglichen, werden sie defensiv betrieben.

Der Zusammenhang von Organisation und Inhalt

Organisation ist nicht nur äußere technische Voraussetzung einer Aufgabe oder Leistung. Die Organisationsform greift auch direkt auf den Inhalt, die Qualität der Leistung. Das zeigte sich an den Qualitäts- und Auswahlkriterien für das Förderprogramm. Die Formulierung dieser Kriterien war eine der zentralen strategischen Leistungen der Steuerungsgruppe. Dabei wurden durch zwei organisatorische Mechanismen die Weichen in Richtung auf organisationales Lernen und Kooperation gestellt. Zur Förderung angenommen wurden nur Projekte mit einer ausgewiesenen Konsortialstruktur, also Projekte in Kooperation zwischen zwei oder mehreren Organisationen. Und mit dem Projektzuschlag war auch die Verpflichtung zur nachhaltigen organisatorischen Verankerung in den Lehrprogrammen der jeweiligen Universität oder Fachhochschule verbunden. In der Evaluation der Projekte wurde deutlich, dass diese auf Nachhaltigkeit zielenden Kriterien Impulse zur Organisationsentwicklung auslösten. Formelle Kooperation mit anderen Einrichtungen erfordert Entscheidungen der Leitungskräfte und Gremien. Die Erfüllung der Verankerungspflicht zwingt zur innerorganisatorischen Auseinandersetzung und zu Entscheidungen (vgl. Baumgartner 2003; Pellert 2003).
Der Zusammenhang von Ziel und Organisationsform, von Form und Inhalt war ein Leitprinzip der Initiative. Eingelöst wurde es unter anderem auch dadurch, dass das gesamte Ausschreibungsverfahren – wahrscheinlich in dieser Form zum ersten Mal in Österreich – elektronisch abgewickelt wurde (vgl. Ecker/Grossmann 2001; Milestone 2002).

4. Charakteristika von Netzwerkorganisationen

Netzwerke ermöglichen Organisationen, sich etwas zu verschaffen, was sie allein nicht können

Organisationsübergreifende Netzwerke bilden ein soziales System von im Kern autonomen Organisationen, die ihre Energien bündeln, um ein Ziel zu erreichen, das niemand von ihnen allein erreichen kann. Aus der partiellen Kooperation mit anderen (ähnlich Gesinnten) erwarten Netzwerkmitglieder positive Ergebnisse. So versuchen Professionsnetzwerke (etwa akademische Fachgesellschaften) die Qualität der fachlichen Arbeit und Profession zu entwickeln, Politiknetzwerke neue politische Konzepte zu lancieren (z.B. das Network Health Promoting Hospitals, vgl. Lobnig/Nowak/Pelikan 1999) und Unternehmensnetzwerke Synergien in der Infrastrukturnutzung oder der gemeinsamen Forschung und Entwicklung zu nutzen (z.B. NOAE – Network of Automotive Excellence). Für die Beteiligten wiegt der absehbare Nutzen die Investitionen, Mühen und Risiken auf, die Kooperationen, Partnerschaften oder vielleicht auch nur ein inhaltlicher Austausch mit sich bringen. Allein könnten sie diese Leistungen nicht so leicht erbringen. Die Bindungskraft in Netzwerken entsteht durch die Attraktivität eines Netzwerks für das Erreichen der eigenen Zielsetzungen.

Netzwerke stiften den beteiligten Organisationen einen Nutzen

Die Beteiligung an einem solchen Netzwerk hat für jeden Partner nur so lange Sinn, so lange durch diese ein Mehrwert für die eigene Organisation bzw. die eigene Interessenlage erkennbar ist. Es ist damit letztlich der Eigennutzen potenzieller Mitglieder, der ein Netzwerk konstituiert und diesem in der Folge die für erfolgreiches Netzwerken notwendige Energie zuführt. Wird ein solcher Nutzen breit gesehen, erhöht sich die Wahrscheinlichkeit, dass auch die erforderlichen Inputs der Mitgliederorganisationen entstehen. Der tatsächlich erlebte individuelle Nutzen für die Organisationsmitglieder ist der „Kitt" eines Netzwerks und der in diesem Netzwerk sich etablierenden Kooperationen und Partnerschaften. Auch wenn (gutmütigere) Netzwerkmitglieder häufig bereit sind, längere Zeit auf positive Effekte zu warten, das Netzwerk also etwas „vorzufinanzieren", bleibt die Erwartung auf einen baldigen „Return of Investment" doch bestehen. Tritt ein solcher nicht ein oder kommt er „unterwegs" abhanden, so ist zu erwarten, dass sich für das Netzwerk früher oder später „Investitionsprobleme" mit einhergehender „Antriebslosigkeit" und Demotivation der Beteiligten ergeben.
Da sich Netzwerke aus egoistischen Eigeninteressen konfigurieren und diese letztlich auch bestimmend dafür sind, was jeweils als der Netzwerkgewinn betrachtet wird, kommt der Balance zwischen der individuellen Nutzwertgestaltung und der gleichzeitigen Berücksichtigung der Erfordernisse des Gesamtnetzwerks eine zentrale Rolle zu.

Organisationen sind in Netzwerken lose miteinander gekoppelt

Aus organisationstheoretischer Sicht (Willke 1995; Littmann/Jansen 2000) lassen sich Netzwerke zwischen dem auf reinen Tauschbeziehungen basierenden freien Markt und der in Organisationen üblichen Hierarchie einordnen. Sie sind stärker strukturiert und „sozialisiert" als das freie Tauschgeschäft, aber deutlich weniger strukturiert und verregelt als die Hierarchie. Netzwerke zeichnen sich also durch eine relativ geringe zentrale Strukturierung und Steuerung und gleichzeitig durch eine hohe Autonomie und Selbstverantwortung der einzelnen Teile aus (vgl. Wimmer 1997). James/Weick (1990) sprechen in diesem Zusammenhang von Systemen mit sehr loser Koppelung ihrer Elemente. Dementsprechend erscheinen Steuerungsmuster, wie wir sie in unseren Organisationen vorfinden und die eher dem Typus der klassischen Hierarchie entsprechen – etwa Vorga-

ben von top nach down oder Anweisungen, was bis wann zu tun ist –, wenig aussichtsreich. Solche Steuerungsversuche würden eher Irritationen als Akzeptanz erzeugen und eher Abwendung als Integration mit sich bringen. Die Herausforderung liegt vielmehr in der Etablierung partnerschaftlicher Steuerungskonzepte. Partnerschaftliche Steuerung bedeutet, dass sich alle Netzwerkmitglieder an Prozessen der strategischen und strukturellen Gestaltung beteiligen und dass Prozesse nicht einfach von „außen“ aufgesetzt werden können.
Als „Organisation dazwischen“ können Netzwerke nicht durch Mechanismen des freien Tausches oder durch Strukturierung gesteuert werden, sondern nur durch Berücksichtigung beider Prinzipien: der Integration von „Werten“ („weil es mir etwas bringt“) und einer adäquaten Strukturierung („damit klar ist, wer was wann mit wem macht“) (vgl. Payer 2002).

Netzwerke brauchen Investitionen

Für Organisationsnetzwerke gilt eine eherne Regel: Nur wenn durch Organisationsmitglieder in Netzwerke investiert wird, kann auch etwas herauskommen – wobei die Währungen vielfältig sein können: Wissen, Produkte, ökonomisches Kapital oder auch Beziehungen. Netzwerke, in die zu wenig oder nichts investiert wird, werden nicht überlebensfähig sein.
Die Investitionsbereitschaft hängt dabei entscheidend vom individuellen Nutzen ab. Allerdings können in dynamischen Netzwerken diese Nutzenpotenziale im Lauf des Prozesses erst später sichtbar werden oder sich erst später einstellen. Vor diesem Hintergrund kann die Investitionsbereitschaft auch durch zwei andere Maßnahmen erhöht werden:

- Öffnung des „Marktes“ für verschiedene „Währungen“ (z.B. können Organisationen bzw. Personen mit besonderer Expertise diese auch an wichtigen Stellen einbringen; Organisationen, die etwa über Räume für Veranstaltungen oder über eine ausgefeilte EDV verfügen, bringen diese ein etc.).
- Erhöhung der Beeinflussungsmöglichkeiten: Einbindung von relevanten Organisationen bzw. deren Repräsentanten in die Strategieentwicklung des Netzwerks und in Entscheidungsgremien.

Netzwerke stellen ein Metasystem dar

Das Gesamtnetzwerk ist eine eigene Organisation, eine Art Metasystem über den beteiligten Organisationen, und benötigt Eigenleistungen zur Aufrechterhaltung seiner inneren Ordnung und seiner Fähigkeit zur Gestaltung der Zukunft. Es benötigt Strukturen, Prozesse und Ressourcen für Entscheidungen und Kommunikation und es benötigt Systeme, Prozesse und Personen, die dieses Metasystem steuern und managen. Eine solche Zuständigkeit für die Gesamtorganisation – die Notwendigkeit, nicht die Einzelinteressen, sondern das gesamte System im Blick zu haben und sich diesem zu verpflichten – ermöglicht es erst, dass sich Einzelinteressen nicht ungebremst durchsetzen. Die Professionalität dieses Managements, insbesondere die Gestaltung der für ein Netzwerk adäquaten Entscheidungs- und Kommunikationsprozesse, wird so zu einem zentralen Erfolgsfaktor für ein Organisationsnetzwerk. Entsprechend den Spezifika der Organisation Netzwerk ergibt sich für das Management die Notwendigkeit, ständig auf Polaritäten zu achten und auch das in der aktuellen Situation nicht Realisierte einzuführen: individueller Nutzen und gemeinsamer Netzwerkansatz, Partizipation und Engführung von Entscheidung, breite Kommunikation und Diskussionen in „engeren Zirkeln", strategische Engführung (Wo wollen wir hin?) und strategische Öffnung (Was könnte noch sein?).

Vertrauen als Basis der Kooperation

Kooperationsbeziehungen in Netzwerken sind kaum oder nur in einzelnen Bereichen durch Verträge und andere juristisch gefasste Regeln definiert und abgesichert. Sie basieren viel stärker auf Vertrauen, das sich in erfolgreichen Netzwerken zwischen den Netzwerkpartnern etabliert. Vertrauen ist eine Kette gehaltener Versprechen und Vereinbarungen, das Ergebnis von „Tauschhändeln", die insgesamt als gelungen bilanziert werden (Simon/C/O/N/E/C/T/A 1998). Wenn Vertrauen in Netzwerken als „Bindemittel" gilt, so ist es nötig, dass sowohl der Aufbau des Netzwerks als auch die Strukturierung von Entscheidungen und Kommunikation vertrauensfördernd gestaltet werden: Partizipation in der Netzwerkentwicklung, Entscheidungen, die kommuniziert werden und bindend sind, und Vereinbarungen, die halten. Jordan Lewis (1999) betont zusätzlich die hohe Bedeutung von gelingenden personalen Beziehungen und Kommunikationen für die Etablierung einer Vertrauenskultur in Kooperationen. Insbesondere zwischen den wichtigsten und erfolgskritischen Partnern muss eine Basis des Vertrauens erarbeitet werden, auf die man sich dann auch in schwierigeren Phasen verlassen kann.

Integration von „hard" und „soft" Networking

Die Informationstechnologie und insbesondere das Internet liefert die Möglichkeiten für einen raschen, beinahe grenzenlosen Informationsfluss. Auch für Organisationsnetzwerke sind solche Kommunikationsformen unerlässlich, erhöhen sie doch die Möglichkeiten der Interaktion ohne räumliche und zeitliche Co-Präsenz. Mit Hastings betonen wir allerdings, dass dieses „hard networking" nur den Informationsaustausch fördert, dass aber insbesondere jene für die Entwicklung des Netzwerks oder für kreative Lösungen erforderlichen Interaktionsleistungen nicht durch virtuelle Arbeitsformen ersetzt werden können. In Face-to-face-Meetings können Differenzen deutlicher dargestellt und bearbeitet werden, als dies in virtuellen Diskussionen möglich ist. Nur in Face-to-face-Meetings können Konflikte kommunikativ analysiert und bearbeitet werden. Je geringer das Ausmaß an Routinekommunikation und je höher der Bedarf an Kommunikation 2. Ordnung (d.h. Kommunikation über Kommunikation) ist, desto geringer sind die Erfolgsaussichten für virtuelles Kommunizieren. Andererseits ist festzuhalten, dass ein Großteil der Diskussionen in Arbeitsgruppen oder Meetings der wechselseitigen Information, der sachlichen Diskussion und dem Abarbeiten von festgelegten Planungen dient und deshalb ohne Verlust, vielmehr mit Gewinn in virtueller Arbeit erledigt werden kann. Das Netzwerkmanagement sollte auf jeden Fall eine Strategie zur intelligenten Verknüpfung von virtueller Arbeit und Präsenzmeetings entwickeln.

Dynamische Entwicklung auf der Basis von Lernen und Reflexion

Die im Vergleich zu Einzelorganisationen verhältnismäßig große organisationsbezogene Offenheit eines Netzwerks bringt häufig eine sehr dynamische Netzwerkentwicklung mit sich. Dies birgt sowohl die Chance, rasche Veränderungen einzuleiten, ist aber auch mit der Gefahr verbunden, dass diese mit zu wenigen Akteuren durchgedacht und in der Folge mit zu wenig Unterstützung lanciert werden. Wer gerade in den Entscheidungsgremien tätig ist, bei Strategiemeetings dabei war oder sich in Diskussionen (auch im Internet) zu Wort meldet, kann das Netzwerk, die laufenden Diskussionen und Meinungsbildungen mitbestimmen. Es erscheint von da her erforderlich, die Möglichkeiten der Dynamik mit systematischer Reflexion und Lernen zu verbinden.
Als eine Möglichkeit dazu empfiehlt Chisholm (1998) die gelegentliche Anwendung von Aktionsforschung und systematischen Erhebungen. Auf diese Weise gelangt man zu einem umfassenderen Bild über die Wirksamkeit des Netzwerks. Zentral dabei ist allerdings auch, dass sowohl die Ansätze als auch die Ergebnisse solcher Forschungsunternehmungen managementrelevant im Netzwerk ausgewertet werden.

5. Strukturen und Arbeitsweise des Netzwerks „Forum Neue Medien"

Das Forum Neue Medien als Netzwerk von Experten und Organisationen

Das Forum Neue Medien ist als Netzwerk all jener Personen und Organisationen konzipiert, die den Einsatz neuer Medien in der Lehre an Universitäten und Fachhochschulen in Österreich forcieren wollen. Als Netzwerk hatte es die Aufgabe, die interessierte Öffentlichkeit und möglichst viele Stakeholder in eine Diskussion über den Einsatz neuer Medien in der Lehre einzubinden.
Das Netzwerk sollte dabei folgende Funktionen übernehmen:
- Unterstützung der laufenden Projekte zum Thema, Bekanntmachung von Projekten anderer Standorte an der eigenen Fakultät bzw. Universität oder Fachhochschule, Weiterentwicklung der Projekte in Richtung Transfer,

- Förderung des Organisationslernens an den Universitäten und Fachhochschulen durch Einbringen des Themas in die entsprechenden Entscheidungsstrukturen und Gremien, den Aufbau eigener themenbezogener Informationsplattformen und
- die Diskussion hochschulpolitischer Rahmenbedingungen zur Förderung des Einsatzes neuer Medien in der Lehre.

Damit wird die Etablierung eines fachlichen Dialogs ebenso erforderlich wie die Auseinandersetzung mit Fragen der Organisationsentwicklung (Pellert 2003; Baumgartner 2003), zwei in der Praxis häufig eher kontroversielle Perspektiven. Während die Bearbeitung der fachlichen Fragen, die Entwicklung und Diskussion von fachwissenschaftlichen Projekten und Expertisen in der Regel in den Expertinnenorganisationen sehr anschlussfähig sind, stellten die Themen des Managements und auch die hochschulpolitischen Fragestellungen erhebliche Herausforderungen in der Gestaltung des Netzwerks dar. Professionen, die für das Management und die hochschulpolitische Diskussion stehen, etwa Rektoren oder Leiterinnen von Fachhochschulstudien bzw. leitende Mitarbeiter und Expertinnen des Ministeriums, sollten mit Experten der IT und der Hochschuldidaktik in einen für alle Beteiligten Nutzen stiftenden Austausch treten. Gleichzeitig ist gerade ein Netzwerk eine geeignete Organisationsform, diese Unterschiedlichkeit zu organisieren.

Um dieses Netzwerk aufzubauen und als eine aktive, relevante Community zu verankern, wurden einige Strukturen, Informations- und Kommunikationsmedien etabliert.

Die Delegierten des Forums Neue Medien

Alle österreichischen Universitäten und Fachhochschulen wurden – wie beschrieben – zu Beginn des Projekts (Frühjahr 2000) eingeladen, Delegierte als Mitglieder des Forums Neue Medien zu nominieren. Aufgabe der ca. 70 Delegierten war es, die Interessen des jeweiligen Standortes im österreichweiten Netzwerk zu vertreten und umgekehrt die Initiativen des Netzwerks an den Standorten zu verankern. Um die Selbstorganisationsfähigkeit des Delegiertengremiums zu erhöhen und die Kommunikation nach innen und außen zu organisieren, wurden Sprecher nominiert.

Im Lauf der ersten zwei Jahre zeigte sich, dass die Delegierten ihre Aufgabe in einem sehr unterschiedlichen Ausmaß wahrgenommen haben. Während einige sich intensiv im Netzwerk engagierten, an Präsenzmeetings teilnahmen und an den Diskussionsforen im Internet rege mitmischten, verhielten sich viele eher abwartend und passiv. Nach eineinhalb Jahren wurde deshalb eine Erhebung zum Stand der Aktivitäten und der Aufgabenstellung der Delegierten durchgeführt (Pauschenwein/Arbeitsgruppe 2002). So zeigte sich, dass für ein produktives und gelingendes „Leben“ der Delegiertenrolle die Unterstützung des Managements der Wissenschaftseinrichtungen zentral ist. Überall dort, wo es einen eher positiven Kontakt zwischen den Leitungen und dem Netzwerk selbst gibt, bekamen die Delegierten auch die erforderliche interne Unterstützung und die nötigen Ressourcen. Weiters zeigte sich, dass das Aufbringen einer ordentlichen Portion Eigeninitiative ein unverzichtbarer Erfolgsfaktor ist. Die Ergebnisse der Erhebung legten jedenfalls eine explizitere Beschreibung der Rollen der Delegierten nahe (siehe Abb. 2).

A) Aktivitäten in der eigenen Organisation mit den Zielen:

- Multiplikatorfunktion: Weitergabe von Informationen nach innen (MitarbeiterInnen, interne und externe Lehrende).
- Internes Lobbying: Einbringen des Themas *„Neue Medien“* bzw. der Erkenntnisse und Erfahrungen aus der Gesamtinitiative bei den relevanten Entscheidungsträgern und in den entsprechenden Gremien.
- Bündelung von internen Meinungen und Informationen, Gestaltung eines systematischen Dialoges an der Uni/Fachhochschule.
- Kontakte zu den in Projekten Arbeitenden oder zu Personen, die Projekte vorbereiten.

B) Aktivitäten im Netzwerk Forum Neue Medien

- Aktive Teilnahme im Netzwerk FNM: in Business-Meetings, Konferenzen, im Informationsnetzwerk des Serverprojekts etc.
- Vertretung der Interessen der Uni/Fachhochschule im gesamtösterreichischen Forum Neue Medien.
- Mitentwicklung der Politik des Forums Neue Medien durch Teilnahme an Initiativen, Arbeitsgruppen und Entscheidungen des Forums.
- Einbringen der Erfahrungen an der eigenen Universität/Fachhochschule, Austausch im Kreis der Delegierten.
- Herstellung von Kontakten und Erfahrungsaustausch zwischen anderen Organisationen und Personen in der eigenen Organisation.

C) Nach außen: „Lobbying“ für das Thema

- Vertretung der gemeinsamen FNM-Interessen gegenüber dem Ministerium (gestaltende Aufgabe).
- Aufbau von Unterstützungsnetzen für „NML“ in Wirtschaft, öffentlichen Organisationen und in Kooperation mit geeigneten Partnereinrichtungen.

Abwicklung der Aufgaben

Diese Tätigkeiten müssen nicht immer alle durch die Person des/der Delegierten durchgeführt werden, wichtig ist vielmehr, dass er/sie dafür sorgt, dass diese Tätigkeiten auch gemacht werden.
Je nach Größe der eigenen Organisation nehmen diese Aufgaben unterschiedlich viel Zeit in Anspruch.

Abbildung 2: Die Aufgaben der Delegierten im Forum Neue Medien (Pauschenwein/Arbeitsgruppe 2002)

Die Erhebung löste eine rege Diskussion nicht nur über das Rollenbild der Delegierten, sondern auch über den Delegierungsprozess aus, der an den Standorten sehr unterschiedlich informiert und engagiert verlaufen war. Es zeigte sich, dass die Nominierung der Delegierten eine entscheidende Weichenstellung zu Beginn des Projekts darstellte, da sie eigentlich die einzige „vertragliche" Grundlage der Konstituierung des Forums Neue Medien darstellte. Wie sich zeigt, wurde dieser „Vertrag" in der Folge allerdings höchst unterschiedlich „gelebt". Da man nun über ein klareres Rollenbild verfügte als zu Beginn, wurde durch eine Intervention der Steuerungsgruppe und der Projektleiterin allen Entscheidungsträgern an den Universitäten bzw. Fachhochschulen nahe gelegt, ihre zu Beginn gemachte Nominierung zu überdenken und gegebenenfalls nachzujustieren. Auf diese Weise wurde ca. ein Viertel der Nominierungen verändert und es gelang, auch Organisationen, die sich bislang weniger engagiert hatten, aktiver in das Netzwerk einzubinden.
Zu Ende der ersten Projektphase scheint das System der Delegierten im Großen und Ganzen erfolgreich etabliert, die anfänglichen Etablierungsschwierigkeiten scheinen überwunden, sodass sich das Forum nun verstärkt der Frage nach der Klärung seiner eigenen Zukunft widmen kann.

Community Building durch das Serverprojekt

Das Serverprojekt hatte die Aufgabe, die Vernetzung des Forums auf persönlicher und virtueller Basis aufzubauen und zu betreuen. Ein Konsortium, getragen vom Zentrum für Multimediales Lernen der FH Joanneum in Graz, an dem sich das Vizerektorat für Lehre, Personalentwicklung und Frauenförderung an der Karl-Franzens-Universität Graz sowie zwei weitere Einrichtungen der Uni Graz, das IMI (Institut für medizinische Informatik, Statistik und Dokumentation) und das GewiLab (Labor für Geisteswissenschaftliche Informatik), beteiligten, wurde vom Bundesministerium für Bildung, Wissenschaft und Kultur mit dem Projekt betraut.
Zu Beginn stand die Konstituierung des Konsortiums an: Das Team wurde bestimmt, die Verantwortlichkeiten wurden geklärt, die Kooperationsformen und Schnittstellen definiert. Parallel dazu erfolgte der Aufbau der Infrastruktur – etwa Homepage und Mailing-Listen, Datenbanken für Projekte und Aktivitäten sowie persönliche und virtuelle Kommunikationskonzepte.
Die hauptsächlichen Aktivitäten des Community Building waren:

- die Organisation der halbjährlich durchgeführten Business-Meetings und Delegiertentreffen (http://serverprojekt.fh-joanneum.at/sp/index.php?n=bm);
- die Herausgabe eines monatlich erscheinenden Newsletter mit aktuellen Konferenzen zum Thema (http://serverprojekt.fh-joanneum.at/sp/index.php?n=nl);
- Aufbau und Betrieb der Website (http://serverprojekt.fh-joanneum.at/sp/) sowie einer Projektdatenbank (http://serverprojekt.fh-joanneum.at/sp/index.php?n=prj).

Die Aktivitäten des Serverprojekts orientierten sich an der Kernidee des Community Building, die davon ausgeht, dass Partizipation in Entscheidungen und Involvierung in Schlüsselaktivitäten die Identifikation und letztlich auch die Bereitschaft erhöhen, aktive Beiträge zu leisten. Jede Aktivität des Serverprojekts sollte nicht ein Service für die Mitglieder des Forums sein, sondern zum Community Building beitragen. Für die wichtigsten Medien des Serverprojekts – Business-Meetings, Newsletter und strategische Arbeitsgruppen – wurden entsprechende Instrumente erarbeitet und eingesetzt. Die Community Building-Aktivitäten führten im Lauf der Zeit mittlerweile zu einer sehr breiten Beteiligung von Forums-Delegierten und Expertinnen an den Aktivitäten des Netzwerks.
Das Serverprojekt wurde im Lauf des Projekts zu einem wichtigen Motor des Gesamtnetzwerks. Es stellte die organisatorischen und technischen Voraussetzungen für eine gelingende personale und virtuelle Kommunikation her, sicherte die inhaltliche, soziale und zeitliche Kontinuität der Debatten in Arbeitsgruppen und in Business-Meetings und koordinierte Experten und Arbeitsgruppen durch motivierende Unterstützung, aber auch durch nachdrückliches Einfordern von Ergebnissen. Auf diese Weise gelang es dem Netzwerk Forum Neue Medien, seine Organisation aufrechtzuerhalten und die für ein Funktionieren des Netzwerks nötige Koordinationstätigkeit sicherzustellen. Ein Erfolgsfaktor des Serverprojekts dürfte auch in der professionellen Glaubwürdigkeit und Vertrauenswürdigkeit des Trägers gelegen sein, denn das Zentrum für Multimediales Lernen der FH Joanneum bringt hohe fachliche Expertise im Bereich e-Learning mit. Weiters lebte das Serverprojekt mit seiner Konsortiallösung erfolgreich jene standortübergreifende Kooperation vor, die eine wichtige Zielsetzung der Gesamtinitiative darstellte.

Homepage, Newsletter und Mailing-Liste zur Information

Als eine der ersten Aktivitäten wurde vom Serverprojekt eine Homepage für die Gesamtinitiative erstellt (http://serverprojekt.fh-joanneum.at/sp). Sie sollte alle relevanten Informationen und Daten enthalten und einen Beitrag zum Community Building leisten. Die Homepage wurde im Lauf des Projekts immer stärker besucht und benutzt und stellte später das zentrale Info-System der Initiative dar.
Ein monatlich erscheinender e-Newsletter (http://serverprojekt.fh-joanneum.at/sp/index.php?n=nl) berichtet über Aktivitäten der Initiative, über Ergebnisse von Projekten, über aktuelle fachliche Entwicklungen, Tagungen, Ausschreibungen etc. Der e-Newsletter kann gratis bezogen werden. Im Sinn des Community Building wird ein immer größerer Personenkreis zu Beiträgen eingeladen, was sowohl den Informationswert erhöht als auch die „Lebendigkeit" der Diskussion fördert.
Als dritte Plattform wurde eine Mailing-Liste erstellt, die es Interessierten ermöglichte, die Community aktiv zu informieren. In der Mailing-Liste wurden

von verschiedenen Akteuren Vorträge, Seminare oder Projektausschreibungen angekündigt, also Informationen zur Verfügung gestellt. Vertiefendere Diskussionen oder Auseinandersetzungen wurden kaum geführt; das Medium Mailing-Liste scheint für solche interaktiven Kommunikationsprozesse eher weniger geeignet.

Kommunikative Verarbeitung, Verbreiterung und Absicherung des Netzwerks durch Business-Meetings

Zweimal pro Jahr wurden Business-Meetings veranstaltet (insgesamt bisher sieben), die als kollektive Face-to-face-Zusammenkünfte der Delegierten zentrale Fragen des e-Learnings und des Einsatzes neuer Medien in der Lehre bearbeiten sollten. Während die Teilnahme an den ersten Business-Meetings den Delegierten vorbehalten war, erweiterte sich der Kreis der Eingeladenen zunehmend, sodass gegen Ende der Projektphase breit eingeladen wurde, um möglichst alle in Österreich an diesem Thema Interessierten zu erreichen.*
Gleichzeitig wurden die in der Folge geschlossenen Delegiertentreffen auf einen Halbtag verkürzt und auf den ersten Tag des Meetings verlegt.
Um die Business-Meetings im Sinn des Community Building sowie zur Stärkung und Absicherung des Netzwerks zu nutzen wurden folgende Strukturen gesetzt:

- Lokaler Gastgeber: stellt Räumlichkeiten zur Verfügung und kann die Veranstaltung für seine eigene Promotion am Standort und in der Region verwenden.
- Design-Teams: werden auf einem Business-Meeting gebildet und haben die Aufgabe, das kommende Business-Meeting inhaltlich und organisatorisch vorzubereiten. Die Designteams trafen sich nur ein- bis zweimal face to face, die Arbeit verlief großteils virtuell (Mailing-Listen, Telefonkonferenzen). Teilnehmer: lokaler Gastgeber, Bundesministerium, Serverprojekt, einer der Sprecher des Forums und Expertinnen.
- Vorsitzende und Moderatoren: Die Nutzung der im Netzwerk vorhandenen Expertinnen als Vorsitzende, Moderatoren und Berichterstatterinnen von Teilen des Business-Meetings oder Arbeitsgruppen ermöglichte es vielen Akteuren, eine aktive Rolle jenseits der fachlichen Präsentation eigener Arbeiten einzunehmen.
- Medienarbeit als Beitrag zur Verankerung der Initiative in der Öffentlichkeit.
- Gewinnen von Sponsoren zum Aufbau von Partnerschaften mit der Wirtschaft.

---

* Ein Beispiel für ein Programm eines Business-Meetings findet sich unter: http://serverprojekt.fh-joanneum.at/sp/meetings/bm6/Agenda/Programm_Klagenfurt.pdf

Strategische Weiterentwicklung des Forums in Delegiertentreffen

Das Forum aller Delegierten traf sich am Rande jedes Business-Meetings. In diesen Treffen wurden die zentralen Themenstellungen des Forums diskutiert und Entscheidungen getroffen: Berichte aus der Steuerungsgruppe, Reflexion der Aufgaben und Rollen der Delegierten an den Standorten und im Forum, Wahl der Sprecherinnen, mögliche Strategien und Organisationsformen des Forums in der Zukunft, hochschulpolitische und rechtliche Fragestellungen zur Absicherung von e-Learning und zum Einsatz neuer Medien in der Lehre wie etwa das Verwertungsrecht, Fragen der Personalentwicklung oder der Nutzung bildungspolitischer Einrichtungen wie des Bildungsportals (http://www.bildung.at). Für eine intensive Bearbeitung von Themen hoher Priorität wurden Arbeitsgruppen eingesetzt – „Organisationsform der Zukunft", „Personalentwicklung", „Strategiegruppe Zukunft des Forums Neue Medien" –, die teils in Präsenzmeetings, teils in virtueller Kommunikation das Thema bis zu kommenden Meetings weiter bearbeiteten.
Insbesondere in der letzten Projektphase, in der es in einem breit angelegten Diskussionsprozess um die Diskussion von Varianten einer zukünftigen Organisationsform des Forums ging, wurde auch häufig das Plenum aller Delegierten über e-mail-Listen zur Diskussion von Vorschlägen und zur Abgabe von Voten eingeladen. Es zeigte sich allerdings, dass zur Bearbeitung dieser doch eher komplexen Fragestellungen Face-to-face-Meetings zielführender waren, erlaubten sie doch Kritik, rasche Antwort und Rückfrage (zur Arbeit und Zukunft des Forums vgl. Pauschenwein 2003; Kalb/Hoffmann 2003).

6. Projektmanagement und Netzwerkentwicklung – eine Bilanz

Projekte sind als Organisationsform geschlossen, stabil und verbindlich in Bezug auf Entscheidung und Management. Für Projekte ist konstitutiv, dass sie sozial und sachlich gut abgegrenzt sind. Die Arbeitssysteme von Projekten, die Projektgruppen, arbeiten sehr ziel- und produktorientiert in intensiver Auseinandersetzung und auch Spannung zur Entscheidungsebene der beauftragenden Organisation. Projekte sind darauf angelegt, dass ihre Produkte einen Unterschied zu den bisherigen Leistungen und Arbeitsweisen der Organisationen markieren, bei organisationsverändernden Projekten oft auch zu den bisherigen Strukturen und der Identität der Organisation. Projekte entwickeln sich in der Spannung von innovativer, selbstständiger Arbeit und Entscheidungen. Je selbstreferenzieller ein Projekt ist, desto wichtiger und sensibler ist diese Rückkoppelung an die Entscheidungsebenen der Organisation. Die Wirkung eines Projekts entfaltet sich wesentlich zwischen der Arbeitsweise und der Kultur des Projekts und der Routineorganisation. Um wirklich einen Unterschied machen zu können, sind Projekte als eigenständige soziale Systeme zu konstituieren und stabil zu halten. Projekte werden durch freiwillige Kontrakte gegrün-

det (Aufträge) – mit starker Bindung der Beteiligten durch inhaltliche Auftragsdefinition und Spielregeln der Zusammenarbeit.
Projekte und Projektmanagement eignen sich sehr gut für formelle Kooperation zwischen Organisationen oder Teilsystemen von Organisationen. Die konsequente Handhabung von Projektmanagement macht auch einen Unterschied zu anderen Formen des Zusammenwirkens (Arbeitsgemeinschaften, Konferenzen, lose Verbände ...).
Die Kooperation mit dem Ziel einer gemeinsamen Entwicklung oder gemeinsamen bzw. komplementären Leistung wird durch entscheidungsbefugte Organe vereinbart. Kooperationspartner sind die gesamte Organisation oder Teile derselben im Auftrag oder mit Rückendeckung der Gesamtorganisation. Das Medium, die Kooperation zu begründen und zu sichern, aber auch situativ zu adaptieren, ist der Vertrag, in dem Ziele und Bedingungen der Kooperation auszuhandeln sind. Um die Kooperation zu steuern und die intendierten Leistungsprozesse zu organisieren, fungiert das Projekt als ein eigenständiges System zwischen den beteiligten Systemen. Für eine produktive Kooperation braucht es stabile, verbindliche Strukturen für Kommunikation, Entscheidung und Arbeit zwischen den beteiligten Organisationen oder Subsystemen. Kontraktgestaltung und Projektorganisation sind partizipativ zu entwickeln und entsprechend auszurichten. Dabei ist die Tatsache, dass es sich um die Kooperation von selbstständigen und prinzipiell gleichwertigen Systemen handelt, in der Ausgestaltung der Arbeits- und Entscheidungsstrukturen zu berücksichtigen.
Die Arbeitsprozesse und Entscheidungen haben innerhalb der Kooperation – gerade, wenn sie gut funktioniert – Rückwirkungen auf die beteiligten Organisationen und diese Rückwirkungen sind in der Kooperation sensibel zu verhandeln. Das Management der Kooperation wird umso anspruchsvoller, je mehr gegensätzliche Interessen bestehen und je selbstreferenzieller der Gegenstand der Kooperation ist. Der Grad an Selbstbetroffenheit durch Kooperation wird häufig unterschätzt. Um erfolgreich kooperieren zu können muss man sich selbst ändern.
Kooperationen zwischen Organisationen unterscheiden sich daher nach der Intensität der Koppelung und Selbstbindung: einerseits zwischen den kooperierenden Partnern und andererseits in der Rückbindung an die Linien- und Entscheidungsstrukturen der beteiligten Organisationen.
Projekte sind befristete intermediäre Systeme zwischen zwei oder mehreren Organisationen. Solche intermediären Systeme können auch auf Dauer gestellt und als eigenständige Organisationen ausgebildet werden (Grossmann 2002; Managed Care 4/2000). Wenn sie ihren Charakter als Medien der Kooperation beibehalten wollen, z.B. in Abgrenzung von Ausgliederungen, müssen sie die geschilderten Bauprinzipien nachhaltig berücksichtigen, d.h. die Logik des Kooperationsprojekts kontinuierlich verfolgen.
Netzwerke sind offener und unverbindlicher im Hinblick auf Teilnahme, Management und Entscheidung. Das gilt auch für Netzwerke zwischen Organisa-

tionen. In Bezug auf Produkte und Arbeitsweise eignen sie sich vor allem für Informationsaustausch und Informationsdiffusion, für Lernen und Beratung, experimentelle Entwicklung und Probehandeln. Ihre Arbeitssysteme sind nicht primär output-orientierte Projektgruppen, sondern Arbeitsgruppen, Erfahrungsgruppen, Workshops, Infonetze. Sie werden mehr durch soziale Kontrakte denn durch juristische Verträge begründet, aber mit deutlich geringerem Anspruch auf Bindung der Beteiligten.

Sie brauchen wie beschrieben einiges an Organisation, aber eine Form des Organisierens, die Offenheit und Flexibilität bei breiter Partizipation ermöglicht. Ihre Strukturen und Arbeitsweisen sind weniger auf Entwicklung und Rückbindung auf die beteiligten Systeme ausgerichtet. Die handelnden Personen und ihre Entwicklung stehen im Vordergrund. Welche Ergebnisse des Vernetzens sie zum Anlass für entscheidungsorientiertes Handeln in der Heimatorganisation nehmen, entscheiden die Personen selbst. In Projekten müssen Führungskräfte und Steuerkreise entscheiden, an Netzwerken können Führungskräfte partizipieren und relativ frei entscheiden, was sie in die Entscheidungen und Arbeitsprogramme ihrer Herkunftsorganisation einbringen möchten.

Wie das geschilderte Fallbeispiel zeigt, lassen sich die Logiken erfolgreich verbinden. Anspruchsvoll ist diese Verbindung für die hauptverantwortlichen Akteure mit Rollen in beiden Logiken, da sie ihnen sehr unterschiedliche Interventionen und Handlungen abverlangen, je nachdem, wo sie sich gerade befinden. Dieses Oszillieren zwischen unterschiedlichen Organisationslogiken ist wahrscheinlich eine der wichtigsten und anspruchsvollsten gesellschaftlichen und beruflichen Kompetenzen, die aber immer stärker gefragt sind.

Das Projekt NML zeichnete sich durch hohe Verbindlichkeit aus, basierte aber nicht auf einem formellen Vertrag zwischen Bundesministerium, Universitäten und Fachhochschulen. Die Steuerungsgruppe war einerseits ein entscheidungsorientiertes Projektgremium, aber der Entsendung nach ein Netzwerk von Führungskräften und Expertinnen aus den Wissenschaftseinrichtungen. Die Verträge waren personenbezogen. Das Forum Neue Medien bestand aus interessierten Fachleuten und Delegierten der Universitäten und Fachhochschulstudiengänge mit einem unterschiedlichen, relativ offenen Mandat seitens der entsendenden Organisationen. Die Delegierten waren Mitglieder des Netzwerks und des Projekts; als Versammlung der Delegierten bildeten sie auch das entscheidungsorientierte System des Netzwerks. Die aus dem Kreis der Delegierten in die Steuerungsgruppe entsandten Mitglieder operierten besonders deutlich an der Grenze zwischen Projekt und Netzwerk.

Die hier skizzierte analytische Unterscheidung zwischen Projekt und Netzwerk erscheint uns wichtig, um in der organisatorischen Praxis als organisationsinterner Initiator oder als externer Berater die Vorzüge beider Figuren in die Konstruktion eines Innovationsprogramms einbauen zu können und im alltäglichen Handeln jeweils die passenden Interventionen setzen zu können.

Literatur

Academy of Management Review (1998): Special Issue: Trust in and Between Organizations. July 1998

Baumgartner, P. (2003): Der Einsatz der Neuen Medien und die Entwicklung von e-Learning-Strategien an tertiären Bildungsorganisationen. Bericht und Empfehlung der Steuerungsgruppe. In: BMBWK (2003), S. 14-19

BMBWK (Bundesministerium für Bildung, Wissenschaft und Kultur) (Hrsg.) (2000): Neue Medien in der Lehre an Universitäten und Fachhochschulen. Handbuch. Wien

BMBWK (Bundesministerium für Bildung, Wissenschaft und Kultur) (Hrsg.) (2003): Neue Medien in der Lehre. Erfahrungen der ersten Etappe. Wien

Boos, Frank/Exner, Alexander/Heitger, Barbara (1992): Soziale Netzwerke sind anders. In: *Organisationsentwicklung*, 11, 1, S. 54-61

Chisholm, Rupert F. (1998): Developing Network Organizations. Learning from Practice and Theory. Addison-Wesley, Reading

Ecker, Andrea/Grossmann, Ralph (2001): Die Initiative „Neue Medien in der Lehre an Universitäten und Fachhochschulen" als Best-Practice-Modell für e-Government. In: *Verwaltung heute*, 44, S. 14-16

Grossmann, Ralph (2002): Auf's Ergebnis kommt es an. Die Verankerung von Outcome-Indikatoren als Entwicklungsprozess in und zwischen Organisationen. In: Grossmann, Ralph/Scala, Klaus: Intelligentes Krankenhaus. Springer, Wien – New York, S. 32-60

Grossmann, Ralph (2003): Das Öffentliche organisieren – Die Beziehung zwischen gesellschaftlichen Sektoren und Organisationen managen. In: Lobnig, Hubert/Schwendenwein, Joachim/Zvacek, Liselotte (Hrsg.): Beratung in der Veränderung. Grundlagen, Konzepte, Beispiele. Gabler, Wiesbaden, S. 33-54

Grossmann, Ralph/Lobnig, Hubert (2003): Die Initiative NML als Beispiel der „neuen Steuerung" zwischen BMBWK und Organisationen der Wissenschaft und Bildung aus Sicht der Organisationsberater. In: BMBWK (2003), S. 33-34

Grossmann, Ralph/Scala, Klaus (2002): Krankenhäuser als Organisationen steuern und entwickeln. In: Grossmann, Ralph/Scala, Klaus: Intelligentes Krankenhaus. Springer, Wien – New York, S. 12-31

Hastings, Colin (1993): The New Organization. Growing the Culture of Organizational Networking. McGraw-Hill, London

Heinecke, H. J. (1997): Netzwerke – Chancen und Risiken von Unternehmensbündnissen. In: *Hernsteiner*, 2, S. 21-24

Holman, Peggy/Devane, Tom (1999): The Change Handbook. Group Methods for Shaping the Future. Berrett-Koehler, San Francisco

James, Orton/Weick, Karl E. (1990): Loosely Coupled Systems: A Reconceptualization. In: *Academy of Management Review*, 15, S. 203-223

Jamöck, Sabine (2002): Was ist denn Governance? iff. Internes Arbeitspapier. Wien

Kalb, H./Hoffmann, K. (2003). In: BMBWK (2003), S. 23-24

König, Klaus (1998): Gute Governance als Steuerungs- und Wertkonzept des modernen Verwaltungsstaates. In: Jann, Werner/König, Klaus/Landfried, Christine/Wordelmann, Peter (Hrsg.): Politik und Verwaltung auf dem Weg in die transindustrielle Gesellschaft. Baden-Baden, S. 227 ff.

Lewis, Jordan D. (1999): Trusted Partners. How Companies Build Mutual Trust and Win Together. The Free Press, New York

Littmann, Peter/Jansen, Stephan A. (2000): Oszillodox. Virtualisierung – die permanente Neuerfindung der Organisation. Klett-Cotta, Stuttgart

Lobnig, Hubert/Nowak, Peter/Pelikan, Jürgen M. (1999): Die Umsetzung des Gesundheitsfördernden Krankenhauses. Projektmanagement, Organisationsentwicklung und Networking. In: Pelikan, Jürgen M./Wolff, Stephan (Hrsg.): Das Gesundheitsfördernde Krankenhaus als Projekt. Juventa Verlag, Weinheim

Lobnig, Hubert (2000): Netzwerke – was Sie wirklich investieren sollten! In: *Hernsteiner*, 4/2000, http://www.lemon.at

Löffler, Elke (2001): Governance als die neue Generation von Staats- und Verwaltungsmodernisierung. In: *Verwaltung und Management*, 4/2001, S. 212-215

Managed Care. Schweizer Zeitschrift für Managed Care und Care Management. 4/2000. Neuhausen

Milestone (2002): Endbericht zur 2. Ausschreibung im Rahmen der Initiative „Neue Medien in der Lehre an Universitäten und Fachhochschulen“

Pauschenwein, Jutta (2003): Unterstützende Strukturen für Verwaltungsplattformen – Das server:projekt und seine Entwicklung. In: BMBWK (2003), S. 25-26

Pauschenwein, Jutta/Arbeitsgruppe (2002): Aufgabenprofil der Delegierten im Forum Neue Medien. Arbeitspapier. Graz

Payer, Harald (2002): Wieviel Organisation braucht das Netzwerk? Entwicklung und Steuerung von Organisationsnetzwerken mit Fallstudien aus der Cluster- und Regionalentwicklung. Dissertation

Pellert, Ada (2003): Organisations- und Personalentwicklung an den Bildungsinstitutionen. In: BMBWK (2003), S. 20-22

Peterson, Marvin W./Dill, David D./Mets, Lisa A. (1997): Planning and Management for a Changing Environment. A Handbook on Redesigning Postsecondary Institutions. Jossey Bass, San Francisco

Schein, Edgar (1988): Process Consultation. Its Role in Organization Development. Addison-Wesley, Reading

Simon, Fritz/C/O/N/E/C/T/A (1998): Radikale Marktwirtschaft. Grundlagen des systemischen Managements. Carl-Auer-Systeme, Heidelberg

Weisbord, Marvin (1973): The Organization Development Contract. In: *OD Practicioner*, 5 (2), S. 1-4

Willke, Helmut (1995): Systemtheorie III. Steuerungstheorie. UTB, Stuttgart

Willke, Helmut (1997): Supervision des Staates. Suhrkamp, Frankfurt/Main

Wimmer, Rudolf (1997): Von der Hierarchie zum internen Netzwerk. In: *Hernsteiner*, 2, S. 14-20

Initiative Neue Medien: Ein Interview mit Andrea Ecker

Ralph Grossmann: Wenn Sie an die Entwicklung der Initiative „Neue Medien" zurückdenken, dann hat es immer zwei Stoßrichtungen gegeben: Natürlich auf der einen Seite Neue Medien zu entwickeln, das Thema an den Universitäten und Fachhochschulen zu platzieren und da eine Intervention zu setzen; und gleichzeitig auch in der Art, wie das Projekt angelegt und durchgeführt wird, ein Best-practice-Beispiel vielleicht, aber eben auch ein Beispiel für ein neues Steuerungsmodell, sozusagen einen neuen Weg im Umgang zwischen dem Ministerium, den Universitäten und den Fachhochschulen auszuprobieren. Man könnte auch sagen: Die Initiative selbst ist schon eine Steuerungsintervention neuer Art. Vielleicht können Sie beschreiben, was Ihre Interventionen in dem Projekt waren – im Hinblick auf diese Frage zur Steuerung des Verhältnisses zwischen Ministerium, Universitäten und Fachhochschulen.

Andrea Ecker: Ja, diese Frage hat für mich mehrere Aspekte. Der erste Aspekt ist: ein neues Thema zu beginnen, sowohl in der Arbeit im Ministerium als auch gemeinsam mit Universitäten und Fachhochschulen. Es ist immer die Frage: Wie geht man an das Thema heran? Da war es für unsere Arbeit entscheidend, von Anfang an diejenigen, die schon Erfahrung mit dem Thema haben, einzubinden und zur Mitarbeit einzuladen, sowohl von den Universitäten als auch von den Fachhochschulen. Mir war es auch wichtig, diese Einbindung nicht nur am Anfang zu haben – sozusagen, bis wir uns selbst in dem Thema gut auskennen –, sondern das während des ganzen Projekts durchzuziehen. Also nicht nur einmal das Wissen abzuschöpfen und dann zu sagen: Danke. Sondern an diesem Thema gemeinsam dranzubleiben. Das war der eine Aspekt. Der zweite Aspekt ist die Verknüpfung von Universitäten und Fachhochschulen; diese beiden miteinander zu einer Kooperation einzuladen und zu gewinnen. Der dritte Aspekt: zwar die Projektleitung beim Ministerium und auch die Finanzmittel des Ministeriums zu haben, aber trotzdem die Universitäten- und Fachhochschulvertreter in die Entscheidungen einzubinden. Also diese Gratwanderung zwischen Autonomie, Zentralismus und Kooperation, das irgendwie zu schaffen, das wollte ich einmal ausprobieren.

Grossmann: Um das zu realisieren hat es in dem Projekt mehrere Instrumente und Einrichtungen gegeben. Wenn Sie jetzt auf die Steuerungsgruppe und ihre Arbeit schauen, wie bilanzieren Sie das? Hat sie das geleistet, was Sie ihr zugedacht haben?

Ecker: Die Steuerungsgruppe ist in ihrer Zusammensetzung eigentlich ein Kompromiss zwischen Traditionellem – nämlich dass einzelne Personen ausgewählt und von der Frau Bundesminister in dieser Funktion als Mitglieder der Steuerungsgruppe bestellt werden – und dem neuen Element, dass es Mitglieder der

Steuerungsgruppe gibt, die von den Universitäten und Fachhochschulen gewählt worden sind, um auch ihre Arbeit und die Ergebnisse wieder in die Institutionen rückzuspielen. Die Verschmelzung dieser beiden Elemente ist aus meiner Wahrnehmung eigentlich sehr gut gelungen. Es hat dann in der praktischen Arbeit eigentlich keine Rolle gespielt, wer woher und aus welchen Gründen gekommen ist. Es ist gut gelungen, für alle ein Commitment herzustellen, sowohl in der Organisation – was Verbindlichkeit in der Arbeit, in der Pünktlichkeit darstellt – als auch in der inhaltlichen Ausrichtung. Da haben wir es geschafft, uns zusammenzustreiten, und ich habe das als sehr positiv erlebt.

Grossmann: Ein heikler Punkt war ja, dass die Leute klarerweise von der Ministerin beauftragt sind, und sie hat juristisch auch die Entscheidung zu treffen; auf der anderen Seite war das Ziel, verbindliche Entscheidungen im Zusammenspiel zwischen Projektleiterin und Team des Ministeriums vorzubereiten sowie den eingeladenen Wissenschaftlern und dieser Entscheidungsvorbereitung möglichst starke Bindungswirkung zu geben, damit sich die Fachhochschulen und Universitäten gebunden fühlen und auch das Ministerium sich an diesen gemeinsamen Arbeitsprozess bindet. Das ist meiner Beobachtung nach noch selten so stringent ausprobiert worden. Wie hat das funktioniert, wie bewerten Sie das im Nachhinein? Sie waren da in einer schwierigen Zwischenrolle: einerseits Vertreterin des Bundesministeriums, auf der anderen Seite Teil der Steuerungsgruppe.

Ecker: Ich habe das als sehr fruchtbaren Prozess erlebt, wenngleich es nicht immer einfach war und wir uns alle gemeinsam für diese Entscheidungsprozesse viel Zeit genommen haben. Also die Entscheidungen, die wir für die Frau Bundesminister vorbereitet haben, waren bis zu einem gewissen Grad diskutiert, abgesprochen, abgewogen, sodass die Steuerungsgruppenmitglieder auch zu den Entscheidungen, die wir dann an anderer Stelle vorgelegt haben, gestanden sind. Und es hat kaum oder eigentlich gar keine Fälle gegeben, wo es „von hinten“ wieder aufgerollt wurde. Natürlich wurden die Arbeit der Steuerungsgruppe, ihr Auftreten und ihre Entscheidungen von den Unis und Fachhochschulen stark beäugt: Was machen die da? Wer sind die? Wieso gibt's die? Was treffen sie für Entscheidungen? In welcher Richtung arbeiten sie? Wohin fließen die Finanzmittel? Das wurde schon mit starkem Interesse wahrgenommen und auch hinterfragt. Da war es auch wichtig, diese Entscheidungen so transparent wie möglich zu machen, und ebenso wichtig, dass sich die Steuerungsgruppenmitglieder immer wieder in den Business-Meetings der Community gestellt haben.

Grossmann: „Von hinten“ würde bedeuten: Mitglieder der Steuerungsgruppe oder Vertreter der Organisation, aus der sie kommen, gehen an der Steuerungsgruppe vorbei zur Bundesministerin und wollen eine andere Entscheidung herbeiführen?

Ecker: Ja.

Grossmann: Mich hat in der ersten Steuerungsgruppensitzung sehr beeindruckt, wie einer der beiden Vertreter aus Deutschland, Prof. Schulmeister, den Unterschied zu seiner Mitwirkung in der Bundesrepublik – wo er als Experte gutachterlich gefragt war und dann hat die Regierung getan, was er wollte – beschrieben hat. Er hat damals gesagt: „Hier habe ich das Gefühl, in einem Entwicklungsprozess von Beginn an mitreden zu können." Sehen Sie das ebenfalls als markanten Unterschied?

Ecker: Ja, selbstverständlich, ich kenne diese andere Vorgangsweise auch. Aber spannender ist es so, wie es wir in dieser Initiative gemacht haben: nämlich Entscheidungen gemeinsam herbeizuführen und sie auch nach außen hin, ob jetzt im Ministerium, auf anderer hierarchischer Ebene oder auch in die Community, in die Unis und Fachhochschulen, hineinzukommunizieren und zu vertreten. Es ist gelungen, dass die Mitglieder der Steuerungsgruppe Verantwortung übernommen haben. So ist die Initiative auch personell auf einer sehr breiten Basis gestanden. Ich glaube, das ist der Grund, warum es in dieser Initiative gelungen ist, doch sehr viel in die Unis hineinzutragen. Es gibt diverse Einrichtungen, die sich jetzt eine e-Learning-Strategie verpassen, wo es Strategieprojekte gibt, wo Vizerektoren in ihrem Amtstitel – neben Lehre oder Internationales – e-Learning dabei haben. Ich glaube, das wäre nicht gelungen, wenn die Initiative nicht so kooperativ angelegt worden wäre.

Grossmann: Das alles hat in einer Zeit heftiger Auseinandersetzungen zwischen den Universitäten und dem Bundesministerium im Zuge der Gesetzwerdung des UG 2002 stattgefunden, was ich persönlich als besondere Leistung der Steuerungsgruppe gesehen habe – also die konflikthafte Situation auf der einen und die auf dieses Projekt konzentrierte Kooperation auf der anderen Seite. Wenn Sie dieses Modell jetzt in die Situation UG 2002 hineindenken: Was fällt Ihnen dazu ein? Kann man aus dem Projekt etwas für den Umgang zwischen Ministerium und Universitäten lernen, wo in der Steuerungsbeziehung der direktere Bezug besteht als zu den Fachhochschulen? Was würden Sie empfehlen für die Praxis nach UG 2002, die Steuerung über Leistungsvereinbarungen?

Ecker: Genau der Punkt ist ja das Interessante: dass alle Beteiligten davon weiter profitieren können und dass das jetzt nach den drei Jahren nicht aus ist und jetzt gehen wir auseinander und sagen: „Es war sehr schön, auf Wiedersehen." Sondern ich glaube, dass das ein Modell ist, wie wir auch künftig miteinander umgehen können, die Universitäten und die Ministeriumsvertreter. Wir sind jetzt in einem weit engeren Kontakt, der eine andere Kommunikation und ein anderes Vertrauensverhältnis zueinander notwendig macht, und da, glaube ich, haben wir mit der Initiative einiges vorgeben können, was es heißt, gemeinsam Entscheidungen herbeizuführen, sich auf ein Thema zu einigen oder Verbindlichkeiten einzuhalten. Ich glaube, da wurden Standards geschaffen, die wir weiter pflegen können.

Grossmann: Sie haben mehrfach betont und das war auch zu spüren, dass das für das Team hier, das diesen Prozess zu managen und zu betreuen hat, und nicht zuletzt für Sie in der Projektleitungsrolle ein sehr aufwändiges Verfahren war. Es ist jetzt nicht leicht, Mitarbeiterinnen anderer Abteilungen gute Tipps für die nächsten Jahre zu geben. Trotzdem: Was würden Sie mit Blick auf die Erfahrungen in diesem Projekt sagen – worauf müssen sich Kolleginnen und Kollegen hier im Ministerium arbeitsmäßig und anforderungsmäßig einstellen, wenn sie eine solche neue Steuerungsbeziehung lebendig machen wollen, z.B. rund um Leistungsvereinbarungen?

Ecker: Aus meiner Wahrnehmung ist wichtig, dass die Beziehung zu den jeweiligen Vis-à-vis an den Universitäten – Rektor, Vizerektor, Departmentleiter – passt, dass es eine gute Kommunikation gibt, dass es ein Vertrauensverhältnis gibt. Diese gute persönliche Beziehung ist zu pflegen. Und das wird nicht nur auf dem Erlass- oder e-mail-Weg gehen.

Grossmann: Da könnte man natürlich einwenden, diese Vertrauensbeziehung sei eine ganz alte Steuerungsform, die aber – natürlich unterschiedlich je nach Person – immer funktioniert hat. Vielleicht können Sie noch ein bisschen eine der Leistungen skizzieren, die ich im Detail mitverfolgen konnte, und zwar, diesen Prozess der Kooperation zu managen. Dieser ist ja hier herinnen gemanagt worden, da haben Steuerungsgruppenmitglieder viel Arbeit geleistet und Verantwortung übernommen.

Ecker: Man kann sagen, das sind banale Dinge – dass man Termine rechtzeitig plant, dass Besprechungen organisiert sind, dass die richtigen Papiere zum richtigen Zeitpunkt aufliegen, dass Sitzungen zum vereinbarten Termin beginnen und auch wieder enden. Banalitäten eines Managementalltags, aber sie sind wichtig.

Grossmann: Und sie werden für das Gegenüber servicierend wahrgenommen. Man muss etwas investieren, damit das Gegenüber etwas investiert, um günstige Voraussetzungen für die Verhandlungssituation zu haben.

Ecker: Ja, genau so ist es.

Grossmann: Das ist irgendwie ein bisschen gegenläufig zu dem, was man sonst als Vorbereitung von zwei Parteien mit unterschiedlichen Interessen in Verhandlungen sieht.

Ecker: Ja, aber da Angebote zu machen ist nicht verkehrt. Wir wollten ja auch etwas von den Universitäten. Wir wollten ja, dass sie mitarbeiten und sich einbringen. Und wir wollten auch von den internationalen Mitgliedern in der Steuerungsgruppe, dass sie zu den Terminen kommen und dass sie dann zwei Tage Zeit haben. Da muss man natürlich etwas investieren, damit sie nicht nur einmal kommen. Also muss man verbindlich sein – im Organisieren und auch im Inhaltlichen.

Grossmann: Haben Sie trotz dieser sehr kooperativen Anlage das Gefühl gehabt, im Inhalt so etwas wie Leadership des Ministeriums wahrnehmen zu können? Sind Kooperation und Leadership, also Zielorientierung, Markierung auch zu setzen, ist das vereinbar, wenn man es am Beispiel dieses Projekts nimmt?

Ecker: Ich glaube, dass Leadership einfach nur funktioniert, wenn man auch kommunikativ und kooperativ ist. Ich glaube, ohne das kann es keine Leadership geben, außer wir kehren wieder in autoritäre Zeiten zurück, wo gesagt wird: Irgendetwas hat so zu sein.

Grossmann: Danke.

Ralph Grossmann, Alfred Janes

Vielschichtige Leistungen von Experten beschreibbar und bewirtschaftbar machen

Das Projekt „Neuausrichtung der Politikfunktionen der Arbeiterkammer Oberösterreich"

Kapitel 1: Entwicklung einer Expertenorganisation

In der Organisationsreform der öffentlichen Leistungen stellt die Organisationsentwicklung der so genannten Expertenbetriebe ein besonders interessantes und anspruchsvolles Feld dar – also die Reform jener Organisationen, deren Leistungen nur sehr begrenzt über Technologie oder normative Strukturen gesteuert und kontrolliert werden können und daher in ihrem Erfolg in besonderer Weise von der selbstständigen Leistungsfähigkeit und Leistungsbereitschaft der Mitarbeiterinnen abhängig sind. Im Zuge der rasanten Zunahme wissensbasierter Arbeit sind dieser Typus von Arbeit sowie seine Organisierbarkeit und Bewirtschaftung auch im Profitsektor von wachsendem Interesse.

Im Verlauf der letzten Jahre hatten wir die Möglichkeit, als Berater an einer Reihe von Projekten zur Neugestaltung von öffentlichen Dienstleistungsorganisationen mit einer ausgeprägten Expertenidentität mitzuwirken (vgl. Grossmann 1995 und 1997; Janes/Prammer/Schulte-Derne 2001b; Grossmann/Scala 2002a, b).

Expertinnenbetriebe wie Krankenhäuser, Schulen, Universitäten, kulturproduzierende und -vermittelnde Betriebe, Unternehmensberatungsfirmen, hoch spezialisierte Dienstleister in der EDV-Branche u.a. weisen charakteristische Steuerungs- und Managementprobleme auf. Eines der aktuellen Themen dieser Organisationen ist die Beschreibung, Bewertung und Bewirtschaftung von vielschichtigen Expertenleistungen. Von den organisatorisch und wirtschaftlich verselbstständigten Einrichtungen, die öffentliche Leistungen erbringen, wird bei gleichzeitig wachsendem Budgetdruck erwartet, dass sie ihre Leistungen nachvollziehbar erfassen und dokumentieren, die Wirkung der Leistungen einer Bewertung zugänglich machen und die Effizienz der Leistungserbringung erhöhen. Der wachsende Konkurrenzdruck auf nationaler und internationaler Ebene zwingt zur Profilbildung und stärkeren strategischen Ausrichtung der Organisationen und ihrer Leistungseinheiten.

In diesem sich rasant vollziehenden Umbauprozess ist das Risiko groß, Steuerungskonzepte und Instrumente zur Anwendung zu bringen, die zu wenig auf die Besonderheiten der Organisation und ihrer Leistungen abgestimmt sind und sich kontraproduktiv auf die Leistungsfähigkeit der Mitarbeiterinnen und der gesamten Organisation auswirken können.

In diesem Beitrag beziehen wir uns auf ein Fallbeispiel der Organisationsentwicklung, in dem der Versuch unternommen wurde, eine sehr heterogene und

schwer fassbare Leistung von Experten so zu beschreiben und zu erfassen, dass sie strategischen Managemententscheidungen zugänglich und besser bewirtschaftbar gemacht wird.
Organisationstheoretischer Pionier in der Analyse der Expertenorganisationen ist Henry Mintzberg. Er fasst Organisationen dieses Typs unter dem Oberbegriff der „professional bureaucracy“ zusammen. „[...] nicht die Arbeitsvollzüge, sondern die beruflichen Fertigkeiten [...] oder vielmehr, sie verfeinern und professionalisieren dieselben. Gegenüber den je sehr selbständig tätigen ‘Professionals’ dieses Organisationstyps [...] haben die strategische Spitze, die Technostruktur und das mittlere Management einen schweren Stand – höchstens die Stabsdienste werden von den Spezialisten dieses Organisationstyps häufig recht intensiv beansprucht. Professionelle Bürokratien sind, so dynamisch und innovativ dasjenige sein kann, was in einzelnen Fachgebieten ihrer Experten geschieht, als Organisationen außerordentlich träge, schwer regierbar und resistent gegenüber Innovationen. Andere Organisationsforscher haben sie aus diesem Grunde auch als ‘lose verkoppelte Anarchien’ oder als ‘organisierte Anarchien’ bezeichnet [...]“ (vgl. Mintzberg 1993, zit. nach Walter-Busch 1996, S. 19-20).
Um in die spezielle Organisationsproblematik einzuführen, gilt es einige aus Beratung und Forschung gewonnene Merkmale von Expertinnentätigkeit und ihrer Organisierbarkeit zu vergegenwärtigen:
Sie haben häufig sehr vielschichtige Leistungen zu erbringen und zu managen. Solche Leistungen können beispielsweise sein: Forschung, Lehre und Weiterbildung für unterschiedlichste Disziplinen, Themen und Adressatengruppen; medizinisch-pflegerische Versorgung für unterschiedliche Krankheitsbilder; Kulturproduktion von Künstlerinnen unterschiedlicher Ausdrucksformen und künstlerischer Traditionen wie im Rahmen der österreichischen Bundestheater oder umfassende Vertretung von Arbeitnehmerinteressen wie in unserem Fallbeispiel seitens der Arbeiterkammer. Allen diesen äußerst unterschiedlichen Leistungen ist eines gemeinsam: Sie sind „qualitativ“; das heißt, sie sind schwer zu standardisieren, zu planen und zu kontrollieren.
Charakteristisch ist der hohe Stellenwert der Autonomie Einzelner und einzelner Abteilungen. Expertinnenorganisationen sind auch gut beraten, die Autonomie und die Rahmenbedingungen für die Arbeit der Experten nach Kräften zu fördern, denn nur so werden sie originelle und qualitativ befriedigende Leistungen erbringen können. Damit bleibt auch die Gesamtorganisation sehr stark von den Leistungen einzelner Expertinnen oder Teams bzw. Organisationseinheiten abhängig. Gleichzeitig muss immer wieder versucht werden, die Steuerung und Führung so auszurichten, dass auch die Belange der Gesamtorganisation mit entwickelt werden und auf diese Weise die Organisation im Ganzen strategie- und entwicklungsfähig wird.
In diesen Organisationen ist durchgängig ein Widerspruch zwischen der Logik professioneller Expertentätigkeit und der Organisationslogik des Systems als

Ganzem wirksam. Im Zweifelsfall, solange irgend möglich, orientiert sich die Entwicklungsdynamik des Systems an der Logik der Expertinnentätigkeit der einzelnen Mitglieder.

Die Subeinheiten der Organisationen werden um die fachlichen Profile von Personen gebaut, die Gründung von solchen spezialisierten Organisationseinheiten hilft einen Erfolg versprechenden Experten an die Organisation zu binden. Die Expertise wird institutionalisiert; ihre Verankerung in Stellen und Organisationseinheiten eröffnet die Möglichkeit, an der Ressourcenverteilung der Gesamtorganisation teilzunehmen. Die zumeist additive Vermehrung der Stellen und Einheiten schafft andererseits ein eminentes Ressourcenproblem und einen wachsenden Integrationsbedarf auf der Ebene der Gesamtorganisation (vgl. Grossmann/Pellert/Gotwald 1997).

Das führt dazu, dass sowohl eine übergeordnete und verbindlich formulierte Festlegung von Leistungsschwerpunkten als auch eine übergeordnete strategische Ausrichtung für die Arbeit einzelner Expertinnen oder einzelner Abteilungen meist nur einen äußerst geringen Stellenwert hat.

Die eben beschriebene Dynamik führt auch dazu, dass energiereiche, abteilungsübergreifende Projekte in solchen Systemen praktisch nur äußerst mühsam auf die Beine kommen. Sie werden gleichzeitig Jahre lang als notwendig erachtet und diskutiert. Die Autonomieverluste, die mit solchen Formen einer abteilungsübergreifenden organisatorischen Verbindlichkeit einhergehen könnten, scheinen unüberwindbar.

Auch auf der Personenebene ist die Organisation der Expertentätigkeit motivational sehr komplex. Ihre Mitglieder orientieren, bewegen und positionieren sich mit Hilfe der unterschiedlichsten, oft nur biographisch erschließbaren Motivlandschaften, gemäß ihren individuellen Währungen und Bilanzierungsprozessen (vgl. zu Währungen und Bilanzen in diesem Kontext Simon/C/O/N/E/C/T/A 1998). Die individuellen Währungen werden in den persönlichen Bilanzen kreativ und sehr unterschiedlich gewichtet. Beispiele für solche Währungen sind strukturelle und inhaltliche Autonomie, Reputation in unterschiedlichen nationalen und internationalen fachlichen Bezugssystemen, gesellschaftspolitischer Auftrag des eigenen Fachs oder Arbeitsgebietes, Loyalitäten gegenüber Personen, „der Idee und Tradition des eigenen Fachs" etc.

Es ist schwierig, für die Qualität der von einer einzelnen Expertin, einer Expertengruppe oder einer gesamten Abteilung hervorgebrachten Arbeit überindividuell passende und leistungsfähige Konstrukte zu schaffen.

Zu diesem Thema, wie sich die Qualität einer vielschichtigen Leistung von Experten – im Fallbeispiel die Aufgabe der AK, „im Interesse der österreichischen Arbeitnehmer Politik zu machen" – beschreiben, bewerten und organisatorisch verbindlich machen lässt, möchten wir praktische Erfahrungen, methodische Hinweise und konzeptive Begründungen liefern.

Kapitel 2: Das Projekt „Neuausrichtung der Politikfunktionen" im Überblick

Zur Organisation der Arbeiterkammer Oberösterreich (AK OÖ) und zur Vorgeschichte des Projekts

Die Arbeiterkammer Oberösterreich betreibt seit etwa 15 Jahren einen systematischen, professionell geführten Organisationsentwicklungsprozess, um sich als Organisation auf veränderte gesellschaftliche Umweltbedingungen einzustellen. Seit 1992 wird sie dabei von der Arbeitsgemeinschaft C/O/N/E/C/T/A und Ralph Grossmann beraterisch unterstützt.
Die AK verstand sich bis 1992 ausschließlich als Expertenorganisation. Durch eine Veränderung des Arbeiterkammergesetzes wurde den Arbeiterkammern 1992 der verpflichtende Rechtsschutz für alle AK-Mitglieder übertragen. Das bedeutete für Oberösterreich, dass alle 470.000 Mitglieder Rechtsanspruch auf Rechtsberatung, Rechtshilfe und Rechtsvertretung haben. Diese Entwicklung ist einerseits als Antwort auf den massiven politischen Druck zu sehen, dem die Organisation ausgesetzt war. Die Pflichtmitgliedschaft wurde im Zuge der politischen Auseinandersetzung in Österreich zur Diskussion gestellt. Andererseits folgte diese Entscheidung auch der internen Entwicklungsdynamik der Organisation, in der Kundinnenorientierung als professionelle Orientierung an Bedeutung gewonnen hatte. Dies stellte die AK als Organisation vor eine neue historische Herausforderung. Von heute auf morgen zusätzlich zur Funktion als Expertenorganisation auch als Massendienstleistungsanbieter professionell den Erwartungen der AK-Mitglieder zu entsprechen erforderte umfassende Eingriffe in die Organisation. Eine ungemein große Aufgabe wurde dem Management, den Mitarbeiterinnen und der gesamten Organisation gestellt. Die Nachfrage nach der erfolgreichen individuellen Rechtsberatung explodierte. Der Leistungsprozess musste den neuen Anforderungen angepasst werden, um der neuen Logik des Dienstleistungsgeschäftes zu entsprechen. Zusätzliche finanzielle Mittel standen allerdings nicht zur Verfügung (vgl. Molterer 2002).
Der Nachfragedruck auf die Rechtsberatung führte 1998 zu einem Projekt „Qualitäts- und Kostenmanagement" mit der Zielsetzung, durch eine Neuorganisation der Beratung den Dienstleistungsoutput bei gleichem Kosten- und Ressourceneinsatz deutlich zu erhöhen (vgl. Janes/Prammer/Schulte-Derne 2001a).
Das Projekt wurde erfolgreich durchgeführt und implementiert und brachte eine organisatorische Neugliederung der operativen Abteilungen in zwei eigenständige Dienstleistungsbereiche. In der neuen Struktur verfügt die AK OÖ über eine neu eingerichtete zentrale Abteilung „Rechtsberatung" sowie über einen ebenfalls neu geschaffenen Bereich „Politik" mit sechs Fachabteilungen. Die Implementierung dieses Organisationsdesigns war begleitet von massiven internen Personal- und Kompetenzverschiebungen, brachte aber auch die gewünschte Effizienzsteigerung und Kundenorientierung.

Die Frage, die das Management der AK in der Folge beschäftigte, lautete: Lässt sich der schwer fassbare Gegenstand der sechs Politikabteilungen, nämlich „im Interesse der Arbeitnehmerinnen Politik zu machen", ähnlich wie die individuelle Rechtsberatung von Mitgliedern im Sinn des langfristig angelegten Vorhabens „Qualitäts- und Kostenmanagement" inhaltlich und ökonomisch deutlich effizienter gestalten?
Im Frühjahr 2000 wurde die Entscheidung für das Projekt „Neuausrichtung der Politikfunktion" getroffen.

Ziele und Aufbau des Projekts

Die folgenden Projektziele wurden seitens des Auftraggebers formuliert:

- Erarbeiten von Kriterien, mit denen es möglich wird, den Ertrag einzelner Politikleistungen für die AK OÖ zu bewerten. Als Voraussetzung dazu: Entwicklung einer praktisch handhabbaren Definition dessen, was aus Sicht der AK OÖ als Ertrag zu bezeichnen ist.
- Durchführen einer strategisch formulierten Priorisierung dieser Ertragskriterien.
- Den Erfolg einzelner Tätigkeiten/Aktivitäten in den Abteilungen vor dem Hintergrund solcher Ertragskriterien beschreibbar machen.
- Das bestehende Dienstleistungsangebot für Politikabteilungen auf einer praktisch handhabbaren Konkretisierungsstufe auflisten, um es mit dem jeweiligen Ressourcenaufwand zu verknüpfen. Als Ergebnis soll dann eine operativ nutzbare „Dienstleistungs- und Aufwandslandschaft" in den politischen Abteilungen vorliegen (Projektauftrag vom Sommer 2000).

Betroffen von diesem Vorhaben waren zirka 80 Mitarbeiterinnen aus den sechs Politikabteilungen: Bildung und Kultur, Europapolitik, Frauenbüro, Konsumenteninformation, Sozialpolitik, Wirtschaftspolitik.
Jede der Abteilungen wird von einer Abteilungsleiterin geführt. Organisatorisch zusammengefasst sind die sechs Abteilungen durch einen Bereichsleiter, der gleichzeitig als Direktor die operative Leitung der Gesamtinstitution innehat.

Architektur des Projekts

Phase I: Politikmodelle, Erfolgskriterien zur Bewertung der Politikleistungen, strategische Priorisierung der Erfolgskriterien.
Erarbeitet durch die *Abteilungsleiter als Projektteam.*

Phase II: Erhebung in den Abteilungen: Art und Ausmaß der in einem Beobachtungszeitraum erbrachten Dienstleistungen unter Bezugnahme auf die zu entwickelnden Politikmodelle; Ausmaß und Zuordnung der dafür aufgewendeten Ressourcen.
Erarbeitet von einem *Team aus Mitarbeiterinnen der Abteilungen.*

Phase III: Implementierung der Projektergebnisse.

Die Organisation des Projekts enthielt die Elemente:
Auftraggeber und Entscheider: Direktor/Bereichsleiter
Steuerkreis: Direktor, Direktorstellvertreter, Abteilungsleiterinnen (AL) der sechs Fachabteilungen des Politikbereichs, AL Öffentlichkeitsarbeit, AL Personal, Betriebsratsobmann, *AL Organisationsentwicklung (Gesamtprojektleiter)*
Projektteams: Projektteam Phase I: AL der sechs Politikabteilungen
Projektteam Phase II: sechs Mitarbeiterinnen der Politikabteilungen
Projektteam Phase III: zu Beginn nicht definiert
Berater: zwei Berater als Tandem
Dauer: 2 Jahre (9/2000–9/2002)
Ressourceneinsatz: ca. 35 Beratertage
Arbeitsstunden des Klientensystems laut Bericht: Die Abteilungen investierten je nach Größe zwischen 0,6% und 3% ihrer Jahresressourcen in dieses Projekt – das sind etwa 1.000 Mitarbeiterinnen-Stunden.

Kapitel 3: Qualitätskriterien und Indikatoren gewinnen ihre Wirksamkeit über Akzeptanz bei den Professionals (Phase I des Politikprojekts)

Akzeptanz entsteht am ehesten durch eine Beteiligung an der Entwicklung der Modelle und Instrumente. Expertinnen wollen nicht gerne an Kriterien gemessen werden, die sie nicht als zu ihrer Tätigkeit passend einschätzen. Das hat sich in der Beratung mehrerer Qualitätsprojekte (es ging um die Entwicklung und Anwendung von Kriterien und Indikatoren sowie von Messinstrumenten zur Outcome-Messung) oder wie im Projekt „Rechtsschutz" der AK als ein wesentliches Erfolgsmoment der Entwicklung herausgestellt (vgl. Eichler/Hochreutener 2002; Grossmann/Stäger 2003; Janes/Prammer/Schulte-Derne 2001a).
Um taugliche Leistungsbeschreibungen, Modelle und Instrumente erarbeiten zu können ist die Expertise der betroffenen Experten unverzichtbar. Es gilt unterschiedliche Wissensperspektiven zu verknüpfen. Solche Beschreibungen und Modellbildungen brauchen insgesamt externe Expertise, also Beobachtungen und Fragestellungen von nicht Involvierten, zum Beispiel durch Beraterinnen oder eingeladene Experten, die Felderfahrung und Fachkompetenz der beteiligten Experten und ergänzende Perspektiven durch Rückmeldungen von Kunden und anderen wichtigen Umwelten.
Die Autonomie und Unterschiedlichkeit der sechs Politikabteilungen und das Kraftfeld zwischen dem Direktor und den sechs Abteilungsleiterinnen als horizontal und vertikal bereichsübergreifendes Führungsteam sind gleichermaßen Ressourcen und kritische Zonen in diesem Projekt. Wir sind als Berater in Übereinstimmung mit dem internen Projektleiter, dem Leiter der Abteilung für Organisationsentwicklung, davon ausgegangen, dass den Abteilungsleiterinnen in der Strukturierung des Gesamtvorhabens und in den Entscheidungen, mit denen die Er-

gebnisse Verbindlichkeit erlangen sollen, eine besondere Rolle zukommen wird. Nur wenn die Abteilungsleiterinnen in das Vorhaben Energie und Fachkompetenz einbringen, wird es zu brauchbaren Ergebnissen führen. Nur wenn sie sich selbst mit den Kriterien und Indikatoren identifizieren können, werden diese im Alltag Bedeutung erlangen. Nur wenn sie gemeinsam mit den Direktoren als Führungsteam aus den Ergebnissen, die mit diesen Instrumenten gewonnen werden, strategische Schlüsse ziehen, werden diese Entscheidungen inhaltlich tragfähig werden, im Sinn von Orientierungskraft für die Arbeit der Abteilungen und ihrer Mitarbeiterinnen und die Prioritätensetzungen der Gesamtorganisation. Daher haben wir als Projektteam für die Phase I die Abteilungsleiter selbst vorgeschlagen. Der Auftraggeber und der Steuerkreis sind diesem Votum gefolgt und die Abteilungsleiterinnen der sechs beteiligten Abteilungen wurden mit der Realisierung der beschriebenen Ziele beauftragt (siehe oben).
Die Phase I wurde durch eine Serie von Experteninterviews mit den einzelnen Abteilungsleitern und den Direktoren eingeleitet, arbeitsteilig geführt durch die Berater und Autoren. Und zwar mit dem Ziel, die „Märkte“ und Tätigkeiten, die das Leistungsfeld Politikentwicklung in der AK ausmachen, besser kennen zu lernen; die bisher genutzten Foren und Instrumente der abteilungsinternen und der abteilungsübergreifenden Koordination zu erhalten; die Interessen und die Energie der Hauptakteure für dieses Projekt einschätzen zu können; Umrisse einer brauchbaren Arbeitsdefinition von Politik auszumachen.
Die Beobachtungen und Hypothesen wurden als Ausgangspunkt für den gemeinsamen Arbeitsprozess der Abteilungsleiterinnen zurückgespielt.

Ausgewählte Interviewergebnisse

- *Vielfältige Palette der Dienstleistungen: Expertisen, Schulungen, Veranstaltungen, Verhandlungen, Medienarbeit, Aktionen ...*
- *Viele Adressaten: Schulen, Eltern, Kinder, Konsumentinnen, Mitglieder, Betriebsräte, Gewerkschafter, politische Funktionäre, Sozialpartner, EU-Ausschüsse ...*
- *Differenziertheit der Dienstleistungsempfänger: Arbeitnehmer, Funktionäre, Medien, Akteure auf betrieblicher Ebene wie Betriebsräte, Personalisten, Führungskräfte ...*
- *Das Politikverständnis wird durch das Verständnis der handelnden Personen geprägt.*
- *Die Vorstellungen von und die Interventionsinstrumente in der politischen Arbeit sind höchst unterschiedlich: Mitgliederkontakt, Gremien, Service für Experten, Funktionärinnen, Aktionen ...*
- *Die politische Dienstleistung wird von den Mitgliedern sehr unterschiedlich wahrgenommen. Es gibt keine einheitlichen Messgrößen, um die Wirksamkeit zu bewerten.*

(Zit. nach internem Ergebnisbericht des Projektteams I an den Steuerkreis.)

Besonders betont wurde – bei aller Ambivalenz gegenüber Maßnahmen, die die Autonomie der Abteilungen als zentrale Leistungseinheiten einschränken könnten – der Bedarf an bereichsübergreifenden Schwerpunktsetzungen und einem entsprechenden Einsatz von Ressourcen. Sehr klar wurde von den Führungskräften herausgearbeitet, dass es kaum möglich sein wird, einheitliche, über alle Politikleistungen anwendbare und quantifizierbare Messgrößen für die Wirksamkeit der Arbeit zu finden. Gleichzeitig wurde es als sehr lohnendes Ziel empfunden, die Leistungen modell- und kriteriengestützt qualitativ beschreibbar zu machen und mit den eingesetzten Ressourcen zu verknüpfen. Und sie damit auch strategisch diskutierbar und bewirtschaftbar zu machen.
In einer Kick-off-Klausur, in der sehr offen und kontroversiell diskutiert wurde, haben die Abteilungsleiterinnen als Projektteam I den Auftrag mit Commitment ausgestattet.
Das Interesse an einem vertieften Verständnis für die Arbeit der einzelnen Abteilungen und die damit verbundenen Möglichkeiten einer pointierteren strategischen Ausrichtung der einzelnen Abteilungen dürften dafür ebenso ausschlaggebend gewesen sein wie die Identifikation mit der strategischen Ausrichtung der Gesamtorganisation. Mit großer Intensität arbeitet die Gruppe in sechs Klausurtagen an den Zielen der Phase I.

Modelle zur Beschreibung und Bewertung der Arbeit

Politikmodelle

Es wurden vier Politikmodelle entwickelt, mit denen einerseits die vorfindlichen Leistungen und Tätigkeiten differenziert beschreibbar sind, aber auch zukünftige strategische Priorisierungen argumentierbar werden. Die Arbeit mit Politikmodellen wurde von den Beratern angeregt. Die Modelle selbst wurden auf der Basis einer gründlichen arbeitsteiligen und gemeinsamen Diskussion des Leiterteams herausgearbeitet und bezeichnet. In diesem Teil agierten wir fast ausschließlich als Prozessdesigner und Moderatoren sowie Beobachter. Um die grob umrissenen und gegeneinander abgegrenzten Modelle zu differenzieren und auch für die Definition zukünftiger Schwerpunktsetzungen nutzbar machen zu können, entstand der Bedarf, sie in ihrer Logik und Bedeutung für wichtige innere und äußere Umwelten beschreibbar zu machen. Dazu wurden von uns Kategorien der Beschreibung eingeführt. Diese Kategorien wurden aus der langjährigen Kenntnis des Klientensystems, aus der Beobachtung des Diskussionsprozesses und aus der „Identifikation“ mit verschiedenen Umwelten gewonnen. Es handelt sich dabei um eine parallel zum Beratungsprozess erarbeitete Expertise, die dem internen Team die Analyse und Beschreibung erleichtert hat.

Die zehn Kategorien zur Beschreibung der Modelle waren:
1. *Wie wird der Bezug zu Mitgliederinteressen hergestellt?*
2. *Was ist das notwendige Interventionsrepertoire und welche Kompetenzen sind notwendig?*
3. *Was ist der erwartbare Outcome?*
4. *Wie ist die Resonanz bei:*
   a) den unmittelbaren Kunden?
   b) den AK-Mitgliedern?
5. *Wer sind die unmittelbaren Kunden?*
6. *Wie ist die Zuschreibung zur AK?*
7. *Wie sind die Auswirkungen auf interne Arbeits- und Entscheidungsstrukturen?*
8. *Welche Konsequenzen für einen effizienten Ressourceneinsatz gibt es?*
9. *Wie sind die Auswirkungen auf die Beziehung zu wichtigen Umwelten?*
10. *Wie groß ist das Irritationspotenzial in der Organisation?*

Die anhand dieser Kategorien beschriebenen Modelle der Politikentwicklung durch die AK sind unseres Erachtens ein gelungenes Beispiel dafür, wie auch sehr vielschichtige Leistungen in einer Weise beschrieben werden können, dass darauf strategische, organisatorische und ressourcenbezogene Entscheidungen aufgebaut werden können, sobald auch der mit den Modellen verbundene Ressourceneinsatz aufgezeigt werden kann. Wir möchten sie anhand der Kriterien 1-7 exemplarisch darstellen. Die Schlussfolgerungen für die interne Arbeitsorganisation (Kategorien 7-10) sind natürlich internes Reflexionsmaterial und von jeder Organisation selbst zu ziehen (vgl. auch die qualitativen Beschreibungen von zentralen Leistungsprozessen in Alters- und Krankenheimen; zit. in Grossmann 2002b).

Modell I „Politisches Sprachrohr“
1. *In diesem Modell stellen wir direkten Kontakt zu den Mitgliedern her, indem wir ihre Bedürfnisse erfragen bzw. sie ihre Bedürfnisse direkt artikulieren.*
2. *Wir setzen Studien, Umfragen sowie Mailings ein und bringen die Ergebnisse an die Öffentlichkeit, auch ohne bereits Lösungsvorschläge für die Umsetzung entwickelt zu haben. Wir benötigen dafür Zugang zu den entsprechenden Ressourcen sowie Sachkompetenz.*
3. *Durch diese Vorgangsweise werden den Mitgliedern ihre Interessen bewusst; sie werden sensibilisiert. Ihre artikulierten Bedürfnisse werden ganz, teilweise oder auch gar nicht erfüllt.*
4. *Die Resonanz bei den Mitgliedern ist, dass sie ihr Thema/Anliegen in der Öffentlichkeit wieder finden. Die Resonanz im politischen System reicht von einer Positionierung zu den artikulierten Interessen bis zu Veränderungen der Rahmenbedingungen (vollständige bzw. teilweise Problemlösung).*
5. *Unsere unmittelbaren Kunden sind die Mitglieder bzw. Mitgliedergruppen.*
6. *Die Zuschreibung des Aufgreifens von Bedürfnissen/Interessen zur AK ist hoch.*

7. *Es ist eine gute Kooperation zwischen den „Fachabteilungen“ und der Abteilung Öffentlichkeitsarbeit notwendig; ebenso eine klare, bewusste Entscheidung der Führung, dass ein Thema aufgegriffen wird, sowie die entsprechende Kommunikation mit den Funktionären.*

...

Modell II „Sozialpartnerschaftlich politische Kooperation“

1. *In diesem Modell erfolgt der Bezug zu den Mitgliederinteressen nicht unmittelbar, sondern durch unser Expertenwissen und unsere Erfahrung; Experten fungieren als Repräsentanten der Mitglieder.*
2. *Wir betreiben Interessenvertretung, indem wir verhandeln, Lösungskonzepte entwickeln und dadurch das Politiksystem bedienen und indem wir Beziehungen pflegen. Wir brauchen Verhandlungsgeschick, Kompromissfähigkeit, Spielraum und Expertise. Wenn wir öffentlichkeitswirksame Initiativen einsetzen, dann lösungsorientiert, instrumentell, um unsere Verhandlungsposition zu stärken.*
3. *Durch diese Vorgangsweise erreichen wir eine Lösung, die von den an der Verhandlung Beteiligten getragen werden kann; die inneren Beziehungen im System werden gestärkt, das Vertrauen ineinander wird gestärkt; es ist nicht eindeutig, ob auch die Konfliktfähigkeit des Systems gestärkt wird. Die Interessen der Mitglieder werden teilweise befriedigt.*
4. *Die AK-Mitglieder nehmen (höchstens!) das Ergebnis wahr; die handelnden Personen sind zufrieden.*
5. *Die unmittelbaren Kunden sind unsere Verhandlungspartner.*
6. *Das Ergebnis wird der AK nicht zugeschrieben; es ist wenig bewusst, dass wir dabei eine Rolle spielen; wenn sie bewusst ist („ihr sitzt da ja selber drin“), eher negative Zuschreibung.*
7. *Die internen Arbeitsstrukturen werden durch einen interdisziplinären Informationsaustausch und durch „Zulieferung“ berührt.*

...

Modell III „Politische Kampagne“

1. *In diesem Modell erfolgt der Bezug zu den Mitgliederinteressen direkt über verschiedene Formen der Erhebung und Interpretation, aber auch über Expertenerfahrung. Mitgliederkontakt wird jedenfalls hergestellt.*
2. *Benötigt werden: breitestes Fachwissen entsprechend dem Problemfeld, d.h. fast in jedem Fall interdisziplinär; Projektmanagementfähigkeiten; Öffentlichkeitsarbeits- und Medien-Know-how; Wissen über den Ablauf politischer Entscheidungsprozesse bis hin zur Verhandlungskompetenz.*
3. *Durch die politische Kampagne wird das politische Interessenbewusstsein gestärkt und das politische Interesse ganz oder teilweise befriedigt; sie trägt auch zur Organisationsentwicklung in der Institution bei.*
4. *Die Mitglieder werden bei ihren Bedürfnissen/Interessen getroffen; fühlen sich „erkannt“. Die Öffentlichkeit nimmt Interessen als solche wahr. Entschei-*

der und Expertinnen in verschiedenen Institutionen erfahren die Arbeitnehmerinteressen und mögliche Lösungsansätze.

5. *Die ummittelbaren Kunden sind unsere Mitglieder(-gruppe), Bündnispartner/ Funktionäre, Entscheiderinnen und deren Beeinflusser.*
6. *Die Ergebnisse der Kampagne werden nicht der AK alleine zugeschrieben, aber es wird ihr eine wichtige Rolle zugeschrieben.*
7. *AK-intern bedarf es einer abteilungsübergreifenden Projektorganisation, die die Abteilung Öffentlichkeitsarbeit inkludiert. Die Entscheidung über den/die Schwerpunkt/e muss in der Gesamtorganisation getroffen werden. In der Abarbeitung muss auch eine geeignete Form gefunden werden, wie Funktionärinnen beteiligt werden können. Diese Arbeitsform ermöglicht hohe Transparenz bei den eingesetzten Ressourcen.*

...

Modell IV „Politisches Service“

1. *In diesem Politikmodell wird der Bezug zu den Mitgliederinteressen hergestellt, indem die Experten ihn abschätzen bzw. abfragen oder indem die Interessen direkt (durch Unterstützungsersuchen) von den Mitgliedern oder ihren Vertretern (Betriebsrätinnen, Funktionäre) artikuliert werden.*
2. *Im politischen Service machen wir Stellungnahmen, Vorträge, Schulungen, Expertisen und Gutachten. Nicht zum politischen Service gehören die Unterstützung AK-interner Funktionen und die Beratung einzelner Mitglieder. Wir benötigen vielfältige Fachkenntnisse, aber auch soziale Beratungskompetenz.*
3. *Durch politisches Service befriedigen wir ein individuelles Bedürfnis eines Kunden (oder enttäuschen seine Erwartungen in die Unterstützung durch die AK). Wir erreichen Information und Orientierung über die Meinung der AK zu bestimmten Themen.*
4. *Die unmittelbare Kundin wird zufrieden oder unzufrieden sein; sich wertgeschätzt und ernst genommen fühlen oder das Gegenteil. Bei den AK-Mitgliedern erzielen wir unmittelbar keine Resonanz; höchstens über Öffentlichkeitsarbeit über unsere Positionen.*
5. *Die unmittelbaren Kunden sind Betriebsräte, Gewerkschaftssekretärinnen, Funktionäre, StudentInnen, BAK (Bundesarbeiterkammer), Institutionen wie AMS (Arbeitsmarktservice), Land, politische Parteien, Kirche, Sozialvereine, Journalisten.*
6. *Die Zuschreibung der Leistung zur AK ist bei den unmittelbaren Kunden hoch (positiv wie negativ); bei den Mitgliedern erfolgt eine Zuschreibung nur über erfolgreiche Öffentlichkeitsarbeit.*

...

(Zit. nach dem internen Ergebnisbericht, Projektabschnitt A, Projektteam I, Linz 2001.)

Erfolgskriterien und Indikatoren

Im Anschluss an die Politikmodelle hat das Projektteam I – wie gesagt gebildet aus den Abteilungsleiterinnen der Politikabteilungen – noch zusätzliche Erfolgskriterien für die Bewertung der Arbeit sowie Indikatoren formuliert, anhand derer diese Erfolgsparameter quantitativ und qualitativ überprüft werden könnten. Die Erfolgskriterien setzen bei Punkten an, die im Zuge der ausführlichen Analyse der Politikaktivitäten als besonders erfolgskritisch für die Zukunft eingeschätzt wurden. Die Schlüsselfrage zur Formulierung der Kriterien lautete: Wir sind erfolgreich, wenn ...

1. ... ein strategischer Bezug zu Mitgliederinteressen besteht.
- *Dieser strategische Bezug kann sowohl aus Expertensicht als auch aus Sicht der Mitglieder begründet sein.*
- *Der Bezug ist umso stärker, je größer die Anzahl der betroffenen Mitglieder.*
- *Allerdings ist auch die Dringlichkeit des Problems in Betracht zu ziehen. (Z.B.: Ist eine existenzielle Bedrohung auch bei einer kleineren Anzahl betroffener Mitglieder ein starkes Kriterium?)*

Indikatoren:
- *Auswertung/Ableitung aus Mitgliederbefragungen; Erhebungen bei Mitgliedern.*
- *Systematische Auswertung der Beratungstätigkeit.*
- *Systematische Auswertung wissenschaftlicher Aussagen zu Arbeits- und Lebensbedingungen von Arbeitnehmern.*
- *Ergebnisse aus der Befragung interner Experten zur Einschätzung von Arbeitnehmerinteressen.*
- *Systematische Auswertung gewerkschaftlicher Erfahrungen (z.B. in Workshops).*
- *Ergebnisse eigener Beobachtungen zu Entwicklungsszenarien/Strategien anderer Akteure.*

2. ... Mitglieder und andere Kunden mit unseren Leistungen zufrieden sind.
- *Relevante Dimensionen dieses Kriteriums sind der wahrnehmbare Nutzen für die Mitglieder,*
- *monetäre Erträge für die Mitglieder, die Anzahl der Mitglieder, die einen Nutzen haben,*
- *ob das Timing passt (wird die Leistung schnell erbracht?) sowie die Nachhaltigkeit der erzielten Wirkung.*

Indikatoren:
- *Ergebnisse oder Erhebungen bei Mitgliedern zu definierten politischen Schwerpunkten.*
- *Systemische Auswertung von Erhebungen bei vorweg definierten Kundengruppen.*

3. ... die Leistung bzw. der erzielte Outcome der AK zugeschrieben wird.
Wichtig für die AK ist, dass folgende Gruppen die Leistungen der AK zuschreiben:

- *die Mitglieder*
- *die Öffentlichkeit, und zwar:*
  - *die mediale Öffentlichkeit*
  - *Multiplikatoren – Meinungsbildner: Welche das sind, ist abhängig vom jeweiligen Wirkungszusammenhang (Verhandlungspartner, Abgeordnete, Chatroom, Stammtisch ...).*

Indikatoren:

- *Ergebnisse von Erhebungen bei Mitgliedern zu definierten politischen Schwerpunkten.*
- *Ergebnisse systematischer Auswertung zur Medienpräsenz durch Expertinnen zu vorweg definierten politischen Schwerpunkten.*
- *Auswertung aus Erhebungen bei Multiplikatoren.*

4. ... es sich um eine Kernkompetenz der AK handelt.

- *Voraussetzung für Erfolg ist hier die Redundanz der Kompetenz,*
- *d.h., die Kompetenz muss in ausreichendem Maß vorhanden sein und*
- *die erbrachte Leistung muss schwer imitierbar sein.*

Indikatoren:
Einschätzung, gewonnen aus:

- *selektiver Mitgliederbefragung,*
- *Befragung von Akteuren/Kooperationspartnern im politischen System,*
- *intern durchgeführter, jeweils bereichsübergreifender Expertenbefragung.*

5. ... bei der Erbringung der Leistung Ressourceneffizienz besteht.
Indikatoren:

- *Projektbezogene Bewertung der Relation zwischen tatsächlichem Aufwand und dem Erfolg (Indikatoren 1-4).*
- *Beitrag eines Projekts zur Realisierung strategischer, definierter Entwicklungsziele.*
- *Abwicklung im Rahmen der erfolgsnotwendigen Zeit.*

(Zit. nach dem internen Ergebnisbericht, Projektabschnitt A, Projektteam I, Linz 2001.)

Mit einer konsensuellen Gewichtung der Kriterien wurde die Entwicklungsarbeit vom Projektteam I abgeschlossen. Die Frage dazu lautete: „Welche Bedeutung messen wir den einzelnen Kriterien – auch in Relation zueinander – zu?" In einer Klausur des Steuerkreises wurden die entwickelten Modelle vorgestellt und – im Sinn einer nachhaltigen Akzeptanz etwas zu kurz und leidenschaftslos – mit den Direktoren diskutiert. In dieser Klausur wurde auch Phase II gestartet und das Projektteam II beauftragt.

Kapitel 4: Quantitative Erfassung der Politikleistungen

Das Projektteam II erhielt den Auftrag, Art und Ausmaß der erbrachten Politik-Dienstleistungen in den einzelnen Abteilungen zu erheben, und zwar unter Berücksichtigung der entwickelten Politikmodelle. Die dafür aufgewendeten Ressourcen sollten möglichst genau erfasst werden und den Mitarbeiterinnen-Gruppen zuordenbar sein. Die erhobenen Leistungen sollten zusammengeführt und so dargestellt werden, dass sie als Planungsgrundlage für eine strategieorientierte Gestaltung der Politikleistungen dienen können. Erwartet wurde auch eine Bewertung der Leistungen mit Hilfe der von den Leitern entwickelten Erfolgskriterien; ein technisch anspruchsvolles und heikles Vorhaben.
Das Projektteam II wurde aus je einer Mitarbeiterin der sechs involvierten Abteilungen gebildet; sie wurden von den Abteilungsleitern vorgeschlagen und vom Auftraggeber nominiert. Es schien besonders wichtig, dass Mitarbeiter mit Akzeptanz unter den Kolleginnen diese Aufgabe übernahmen und die volle Unterstützung ihrer Führungskräfte erhielten. Die Bereitschaft der betroffenen Expertinnen in den Organisationseinheiten, sich für eine solche Befragung zu engagieren, war nicht sehr groß, vor allem, weil sie vermuteten, dass diese nicht aus einem fachlich-politischen, sondern überwiegend aus einem ökonomisch-strategischen Kalkül initiiert wurde.

Maßgeschneiderte Methodenentwicklung

Berater und Projektteam erarbeiteten in mehreren Sitzungen eine robuste Methode, mit der die Erfassung der für die Realisierung der vier Politikmodelle eingesetzten Ressourcen mit einem einigermaßen vertretbaren Aufwand möglich sein sollte.
Als Beobachtungszeitraum wurde ein Kalenderjahr angenommen. Das von uns bereitgestellte methodische Konzept war entlang von fünf Schritten konzipiert.

1) *Zuordnung jeder in einer der Abteilungen erbrachten internen oder externen Leistung zu einer der beiden Kategorien:*
   a) politische oder
   b) nicht-politische Dienstleistung.
2) *Zuordnung jeder politischen Dienstleistung zu einem von acht definierten „politischen Leistungsmärkten“ (ein in sich kohärenter und beschreibbarer „Markt“, auf dem politische Dienstleistungen der AK OÖ nachgefragt werden).*
3) *Definition der wichtigsten auf jedem dieser Märkte angebotenen (Dienst-)Leistungen; Leistungen wurden dabei als Synonym für wichtige Produktgruppen/Dienstleistungsgruppen verwendet.*
4) *Jede dieser Leistungen sollte durch beispielhaft genannte Aktivitäten – jetzt schon auf der Ebene konkreter Maßnahmen/Tätigkeiten – alltagspraktisch verständlich gemacht werden.*

5) *Abschließend sollte es möglich sein, auf Ebene einzelner Abteilungen in einer kumulierten Aussage die Anteile der für jedes der vier Politik-Modelle eingesetzten Ressourcen zu beschreiben.*

„Existenz und Erfolg jedes Unternehmens hängen davon ab, wie seine Produkte von der Außenwelt wahrgenommen und beurteilt werden. Zu diesem Zweck wurden relevante Umwelten definiert, die politische Leistungen der betroffenen AK-Abteilungen nachfragen oder denen wir sie aktiv anbieten (= Leistungsmärkte). Und es wurde definiert, um welche Art der Leistungen es sich dabei handelt. Die Benennung der politischen Leistungen erfolgte daher streng aus Außen- bzw. Kundensicht, d.h., welche Leistungen wir wem anbieten.
Die Erhebungsergebnisse zeigen auf, in welcher Form (Instrumente) in der AK OÖ Politik gemacht wird, aber sie sagen nichts über die jeweiligen Inhalte aus. Diese Standardisierung der Leistungen war notwendig, um die Politikleistung der verschiedenen Abteilungen miteinander vergleichbar zu machen und ein Profil der gesamten AK OÖ bzw. der ausgewählten Abteilungen zu zeichnen. D.h., sowohl Leistungsmärkte (LM) als auch die einzelnen Leistungen gelten für alle sechs Abteilungen“ (zit. nach dem internen Ergebnisbericht, Projektabschnitt B, Projektteam II, Linz 2002).

Das Leistungsmarktprinzip

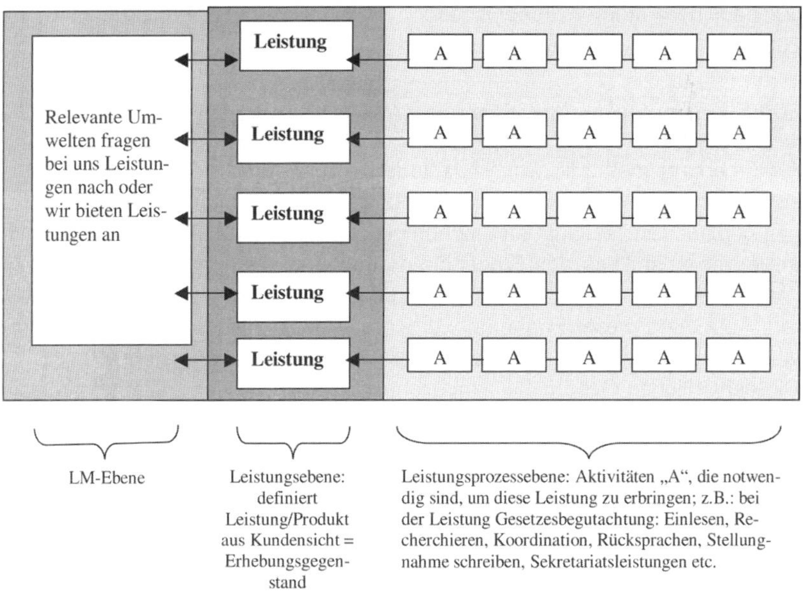

(Zit. nach dem internen Ergebnisbericht, Projektabschnitt B, Projektteam II, Linz 2002.)

Leistungsmärkte und Leistungen (ausgewählte Beispiele)

LM1: Bundesarbeitskammer (BAK)
Gesetzesbegutachtung (Gesetze, Verordnungen, Richtlinien etc.)
Mitarbeit an der politischen Positionierung
Mitarbeit an Klagen (Musterprozesse, Verbandsklagen)

LM2: Entscheidungsträger in der AK OÖ
Stellungnahmen und Gutachten
Unterlagen (z.B. für Sitzungen, Presse, BAK-Vorstand, Uni-Beirat ...)
Konzepte, Programme, Antragsvorschläge

LM3: Staat, Sozialpartner, Gemeinwirtschaft
Gesetzesbegutachtungen (direkt, ohne Einschaltung der BAK)
Konzepte, Vorschläge (direkt, ohne Zwischenschritt Direktor und Präsident)
Mitarbeit in Gremien (Ausnahme: reine Einzelfallentscheidung)
Daten, Unterlagen, Grundlagen, Studien
Veranstaltungen (nur eigene Veranstaltungen)

LM4: NGOs und Multiplikatoren
Politische Kommunikation und Information
Mitarbeit in Arbeitsgruppen
Veranstaltungen (nur eigene Veranstaltungen)
Unterlagen, Konzepte, Vorschläge

(Zit. nach dem internen Ergebnisbericht, Projektabschnitt B, Projektteam II, Linz 2002.)

Erhebungsmethodik: leitfadengestützte Interviews

Als Erhebungsmethodik wurden leitfadengestützte Interviews eingesetzt. Ursprünglich war eine schriftliche Fragebogenerhebung unter den Mitarbeiterinnen geplant. Ein Testlauf hatte jedoch gezeigt, dass die Mitarbeiter mit der im Zuge des Ausfüllens des Fragebogens notwendigen Abgrenzung zwischen „politischer" und „nicht-politischer" Aufgabenstellung überfordert gewesen wären. Auf Grund dieser Erfahrung wurden stattdessen leitfadengestützte Interviews durch jeweils zwei Mitglieder des Projektteams durchgeführt.
Die persönlichen Gespräche ermöglichten es auch besser, Akzeptanz für die Untersuchung zu gewinnen. Für die Abgrenzung der Leistungen wurde vom Projektteam eine pragmatische Definition von „Politik machen" mitgeliefert. Die Zweier-Teams wurden so zusammengesetzt, dass jeweils einer der beiden Forscher aus der untersuchten Abteilung und ein Kollege aus einer anderen Abteilung zusammenarbeiteten. Auf diese Weise wurde „Ortskenntnis" mit einer „externen Perspektive" verbunden. Die Teams bearbeiteten jeweils beide Abteilungen, sodass eine faire Behandlung beider Seiten hohe Wahrscheinlichkeit hatte.

Um Vorbehalte gegen die Erhebung auszuräumen und realitätsbezogenes Datenmaterial zu erhalten, war es notwendig, zwei weitere Aspekte zu berücksichtigen: eine glaubhafte Anonymisierung der Befragungsergebnisse, d.h., die Auswertung der Daten erfolgte definitiv nicht auf Personenebene, sondern ausschließlich auf Abteilungsebene; die Erhebung wurde als so genannte 100%-Befragung durchgeführt, d.h., dass jeder Befragte seine gesamte Arbeitszeit auf die beiden Metakategorien „Politik“ oder „Nicht-Politik“ aufteilen musste. Die Befragung wurde für alle Mitarbeiterinnen der politischen Abteilungen (Referentinnen und Sekretärinnen) durchgeführt.

Ergebnisse

Als Ergebnisse der Phase II waren nun folgende Informationen zur Arbeit der Politikabteilung verfügbar:

1) Anteile Politik- und Nicht-Politik-Stunden in den einzelnen Abteilungen und im Politikbereich insgesamt;
2) Anteile Politik- und Nicht-Politik-Stunden in den einzelnen Abteilungen und insgesamt für die Referenten;
3) Anteile Politik- und Nicht-Politik-Stunden in den einzelnen Abteilungen und insgesamt für die Sekretärinnen;
4) Ausmaß von Politik-Stunden in einer über alle sechs Abteilungen kumulierten Darstellung für jeden der acht Leistungsmärkte; sowie
5) Anteile der Politik-Stunden für jedes der vier Politikmodelle, und zwar je Abteilung sowie kumuliert über den ganzen Bereich.

In einer zweitägigen Klausur des Steuerkreises, an der auch das Projektteam II zeitweise teilnahm, wurden die Ergebnisse inhaltlich verarbeitet und entscheidungsrelevant diskutiert sowie außerdem noch zwei Entscheidungen angebahnt: Die Ergebnisse der Erhebungen hatten in den so genannten Politikabteilungen einen überraschend hohen Anteil an nicht-politikbezogenen Aktivitäten ausgewiesen. Diese konnten zu einem Teil methodisch dem sehr eng gefassten Politikbegriff zugeschrieben werden, der der Erhebung zugrunde gelegt wurde, um strategisch pointiertes Material zu erhalten. Aber auch unter Berücksichtigung dieser Tatsache blieb dieser Anteil überraschend hoch. Die Folge war ein Zweitauftrag an das Projektteam II, auch diese Aktivitäten inhaltlich und ressourcenmäßig genau zu erfassen. Einige Monate später lagen auch diese Daten vor und brachten neuerliches interessantes planungsrelevantes Material. Z.B. war nun klar, wie viel Zeit für Managementleistungen zur Erhaltung der Personalentwicklung im Sinn der Arbeitsfähigkeit verwendet wurde, d.h. Leistungen, die auch den Politikfunktionen zugute kamen; und wie viel Ressourcen für definierte Nicht-Politik-Produkte eingesetzt wurden.

Auf Organisationsebene wurde die Einrichtung einer Koordinationsstruktur für abteilungsübergreifendes Arbeiten im Bereich Politik beschlossen. Gleichzeitig wurde die Einrichtung einer Controlling-Stelle für den Politikbereich ins Auge gefasst (vgl. das Rechtsschutzboard und die Controlling-Stelle für den Bereich Rechtsschutz, Janes/Prammer/Schulte-Derne 2001a). Beide Einrichtungen wurden wenige Wochen nach Ende des Projekts konstituiert.

Der Prozess macht den Unterschied

Mit Blick auf eine Reihe von Qualitäts- und Organisationsentwicklungsprojekten in Expertenorganisationen (vgl. Grossmann/Stäger 2003; Grossmann 2002a, b; Janes/Prammer/Schulte-Derne 2001b) möchten wir einige verallgemeinernde Schlussfolgerungen ziehen.

Die Beschreibung von Leistungen ist von der Nutzung dieser Beschreibung nicht zu trennen, auch wenn dies bisher oft geschieht. Wenn im Zuge von Outcome-Messungen oder anderen Evaluationsverfahren Daten erhoben und Berichte erstellt werden, die dann von den Organisationen nicht systematisch genutzt werden, ist das nicht nur ineffizient, sondern hat auch stark demotivierende Wirkung für die Expertinnen, die Daten liefern und ihre Leistungen zum Gegenstand von Beschreibung und Bewertung machen müssen.

Wenn es zur bestehenden Dokumentation der Leistungen kein transparentes Nutzungskonzept gibt, entstehen schnell sowohl Zweifel an der Sinnhaftigkeit der mühevollen Messungen und Selbstbeschreibungen als auch Misstrauen hinsichtlich der Frage, wofür die gelieferten Daten verwendet werden sollen. Der schon in der Logik von Expertentätigkeit angelegte Widerstand, die eigene „singuläre“ Leistung für andere – die Leitung – bewertbar und verrechenbar zu machen, erhält dadurch sehr nachvollziehbar eine Stärkung.

Dazu einige Beispiele:

Ergebnisse von Messungen zur Kundinnenzufriedenheit gewinnen erst ihren Wert für die Organisation und die beteiligten Experten, wenn sie für Maßnahmen zur Verbesserung der Leistungsprozesse genutzt werden.

Wenn dieselben Ergebnisse als Kriterium für die Verteilung von Ressourcen herangezogen werden, braucht es dazu ein transparentes Verfahren.

Wenn die Beschreibung von Leistungen und der für sie eingesetzten Ressourcen zur Grundlage strategischer Orientierung und Entscheidung gemacht werden soll, braucht es dazu geeignete Strukturen und Verfahren und nur wenn es diese gibt, ist auch mit anhaltender, fachlich offener und differenzierter, d.h. mit realitätshaltiger Beteiligung der Expertinnen zu rechnen.

Für alle diese Beispiele beziehungsweise ganz allgemein gilt, dass ohne die Verbindung von Beschreibung und Messung einerseits sowie ohne Strukturen und Verfahren für die organisationale Nutzung der gewonnenen Informationen andererseits teure Datenfriedhöfe und Potemkin'sche Dörfer entstehen.

Damit rückt ein zweiter Zusammenhang in den Blick: die Verknüpfung zwischen dem Prozess der Entwicklung von Erfolgskriterien und Beschreibungsmodellen und dem Prozess der Aushandlung von Konsequenzen. Dazu sind ebenfalls passende Strukturen und Settings notwendig. Häufig werden Daten erhoben,

ohne dass gleichzeitig Strukturen und Spielregeln mitentwickelt werden für die Auseinandersetzung mit dem Ergebnis und für Entscheidungen, die darauf aufbauen. Die Messergebnisse und Beschreibungen gewinnen – auch wenn sie für sich genommen interessantes Material liefern – ihre Orientierungskraft und ihr strategisches Potenzial erst im Prozess der Verarbeitung der Ergebnisse. Die Zahlen und qualitativen Aussagen sind zu interpretieren und mit anderen Informationsquellen der Organisation zu verknüpfen. Dabei sind unterschiedliche Beobachterperspektiven zu nutzen – z.B. die der Gesamtleitung und die der Leiterinnen selbstständiger Leistungseinheiten oder jene von Fachkräften des Controllings und externen Beobachtern.
Dies erfordert in einer Expertinnenorganisation mit stark dezentraler organisierter Leistung und hoher wechselseitiger Abhängigkeit zwischen Gesamtorganisation, Subeinheiten und Mitarbeitern einen anspruchsvollen Aushandlungsprozess, der geeignete Organisations- und Kommunikationsstrukturen braucht. Dafür sind horizontal und vertikal übergreifende Führungsteams oder speziell eingerichtete bereichsübergreifende Settings geeignet.
Die steuernde Wirkung von Evaluation oder Strategiebildung entsteht in diesen Aushandlungsprozessen. Durch Vergemeinschaftung der Bewertung der Information entsteht Wissen für die Organisation und für die Beteiligten. Durch die Verhandlung der Schlussfolgerungen entsteht Bindungswirkung bei Entscheidungsträgerinnen und Experten. Die im Namen moderner Steuerungskonzepte angestellten Controlling-Bemühungen führen sonst rasch zu alter, demotivierender und aufwändiger Bürokratie zurück. Das damit verbundene Organisationsentwicklungsproblem, solche Strukturen und Spielregeln zu schaffen, wird häufig vernachlässigt oder stellt sich erst, wenn die Erhebungen angelaufen und die Irritationen für die Mitarbeiterinnen schon gesetzt sind.
Aber sowohl der Aufwand für die Beschreibung und Darstellung der Leistungen als auch die Entwicklung der dazu notwendigen Modelle und Instrumente werden meist unterschätzt oder gleich vermieden. Auf der Suche nach einfachen „Lösungen“ werden dann Erfolgskriterien angewendet, die wichtige Leistungen und die Qualität nicht abbilden und nicht genügend Akzeptanz finden. Die Controlling-Bemühungen verkommen dann schnell zu ungeliebten und doch aufwändigen Pflichtübungen oder es werden einseitige Entwicklungsimpulse für die Organisation gesetzt. Die Trennung von fachlich inhaltlichen und wirtschaftlichen Kriterien hat darin eine Wurzel. Dort, wo die angemessene qualitative Beschreibung der Arbeit nicht geleistet werden kann, setzen sich einseitig ausgerichtete wirtschaftliche Kriterien und Verteilungsmodelle durch.
Unserer Erfahrung nach ist eine Kombination von Maßschneiderei und dem Einkauf von anderswo bewährten Modellen zielführend. Aber auch dort, wo gute Instrumente – wie z.B. für die Messung von Patientinnenzufriedenheit – vorliegen, geht es nicht ganz ohne Maßschneiderei für den konkreten fachlichen und betrieblichen Kontext. In anderen Fällen sind passende Modelle und Instrumente völlig neu zu entwickeln.

Die Modelle der Beschreibung und Bewertung müssen plausibel und methodisch überzeugend sein. Gleichzeitig wird die Auseinandersetzung mit der Methodik von den Experten sehr gerne als Vermeidungsstrategie genutzt, um sich mit den inhaltlichen Ergebnissen nicht auseinander setzen zu müssen. Hier empfiehlt sich methodische Sorgfalt gepaart mit einer pragmatischen, handlungsorientierten Haltung, die auf Nutzung der Ergebnisse für die Weiterentwicklung der Organisation drängt. Je leistungsfähiger die Kommunikationsstrukturen und Prozesse für die Verhandlung in Zukunft sind, desto geringer ist die Versuchung, auf unproduktive Methodendiskussionen auszuweichen.
Die Expertinnen und Führungskräfte stehen vor einem Ressourcenparadoxon. Wenn nicht genügend Ressourcen in die Entwicklung von fachlich ausgereiften Kriterien und Verfahren und gleichzeitig in den Aufbau ihrer Akzeptanz investiert werden, lohnen sich auch geringere Investitionen nicht. Auch wenn sehr viel an Ressourcen in Instrumente und ihre Implementierung investiert wird, gewährleistet dies nicht, dass mit den Ergebnissen auf der Ebene von Entscheidungen und Leistungsprozessen konsequent weitergearbeitet wird. So ist auch diese Investition im Sinn der Entwicklung der Organisation fehlgeleitet. Sie gerät zu Abstandszahlungen der Organisation oder Einzelner dafür, ihre Subsysteme nicht verändern zu müssen.

Was kann und muss Beratung in der Unterstützung solcher Vorhaben leisten?

Die Entwicklung und Implementierung solcher Systeme zur Beschreibung, Bewertung und Bewirtschaftung von vielschichtiger Expertenarbeit ist ohne externe Beraterinnen oder zumindest sehr gut verankerte und akzeptierte interne Berater kaum in einer für die produktive Entwicklung der Organisation förderlichen Weise zu bewältigen. Es braucht allparteiliche Dritte, die nicht im Verdacht stehen, eigene „Stakes" im Spiel zu haben. Dies gilt für die Strukturierung des Entwicklungs- und Implementierungsprozesses, für die Moderation schwieriger Arbeits- und Aushandlungsprozesse und für die Expertinnen inhaltlicher Anliegen. Wenn die gemeinsame Entwicklung und Aushandlung das Ziel ist, dann braucht es von Beraterseite eine besonders sorgfältige Handhabung ihrer Beziehung zu verschiedenen Ebenen und Akteurinnen des Systems (vgl. das Konzept der mehrfachgerichteten Parteinahme, „multidirectional partiality", von Boszormenyi-Nagy 1987).
Die Arbeit an maßgeschneiderten Konzepten kann nur unterstützt werden, wenn sich der Berater ziemlich weitgehend auf den besonderen Leistungsgegenstand der Organisation sowie auf den fachlichen und kundenbezogenen Kontext der Expertinnentätigkeit einlässt.
Ein situativ passender Wechsel zwischen strenger Prozessberatung, um die Entwicklung und Verhandlung im System zu forcieren, und dem Einsatz von Expertise, um das System zu entlasten, ist hilfreich. Den internen Entwicklerin-

nen Instrumente zur Analyse und Bewertung bzw. Bausteine zur Entwicklung von Instrumenten anzubieten ist notwendig. Wenn jede Fragestellung, jedes Kriterium, jeder Indikator von den Experten selbst begründet und ausargumentiert werden müsste, wäre der Ressourcenbedarf nicht zu decken und die Arbeit würde Konflikte produzieren, die mehr gegenseitiges Misstrauen als Akzeptanz durch gemeinsame Entwicklung bedeuten würden. Wenn es um die Bewertung und Zukunft der eigenen Arbeit geht, ist es schwer, analytisch-konstruktiv und nicht interessengebunden zu argumentieren.
Die eingesetzten Methoden brauchen in dieser Hinsicht auch eine angemessene Differenziertheit und Komplexität. Die Instrumente sollen einfach handhabbar sein, aber zu einfach auszurechnende Methoden verleiten zu interessengebundener Nutzung und zur Manipulation.
Die Qualität der Daten und ihre Handhabbarkeit in der Organisation sind die Grundlage ihrer nachhaltigen Nutzung. Aber nur, wenn sie entsprechend genutzt werden, sind sie nützlich. Der Prozess macht den Unterschied.

Literatur

Boszormenyi-Nagy, Ivan (1987): Foundations of Contextual Therapy. Collected Papers. Brunner & Mazel, New York

Eichler, Klaus/Hochreutener, Marc Anton (2002): Outcome-Messung im Krankenhaus. Wege zur Erhöhung der Datenqualität. (Schriftenreihe der Schweizerischen Gesellschaft für Gesundheitspolitik, No. 67.) Muri, Bern

Grossmann, Ralph (1993): Leitungsfunktionen und Organisationsentwicklung im Krankenhaus. In: Badura, Bernhard/Feuerstein, Günter/Schott, Thomas (Hg.): System Krankenhaus. Arbeit, Technik und Patientenorientierung. Juventa, Weinheim – München, S. 301-321

Grossmann, Ralph (1995): Die Selbstorganisation der Krankenhäuser. Ein Schlüssel für die Organisationsentwicklung im „Gesundheitswesen". In: Grossmann, Ralph u.a. (Hg.): Veränderung in Organisationen. Management und Beratung. Gabler, Wiesbaden, S. 55-78

Grossmann, Ralph (Hg.) (1997): Besser Billiger Mehr. Zur Reform der Expertenorganisationen Krankenhaus, Schule, Universität. (iff texte, Bd. 2.) Springer, Wien – New York

Grossmann, Ralph (2002a): Auf's Ergebnis kommt es an. Die Verankerung von Outcome-Indikatoren als Entwicklungsprozess in und zwischen Organisationen. In: Grossmann/Scala (2002a), S. 32-60

Grossmann, Ralph (2002b): Leistungsprozesse optimieren – Personal- und Organisationsentwicklung verknüpfen. In: Grossmann/Scala (2002a), S. 61-83

Grossmann, Ralph/Heimerl, Katharina/Heller, Andreas/Scala, Klaus (1997): Organisierte Gesellschaft. In: Grossmann, Ralph (Hg.): Wie wird Wissen wirksam? (iff texte, Bd. 1.) Springer, Wien – New York, S. 43-51

Grossmann, Ralph/Pellert, Ada/Gotwald, Victor (1997): Krankenhaus, Schule, Universität: Charakteristika und Optimierungspotentiale. In: Grossmann (1997), S. 24-35

Grossmann, Ralph/Scala, Klaus (2002a): Intelligentes Krankenhaus. Innovative Beispiele der Organisationsentwicklung in Krankenhäusern und Pflegeheimen. Mit Beiträgen von Katharina Heimerl, Andreas Heller, Georg Zepke. Springer, Wien – New York

Grossmann, Ralph/Scala, Klaus (2002b): Krankenhäuser als Organisationen steuern und entwickeln. In: Grossmann/Scala (2002a), S. 12-31

Grossmann, Ralph/Stäger, Luca (2003): Entwicklung und Implementierung von Ergebnis-Indikatoren für ExpertInnenorganisationen – Das Projekt Outcome des Kantons Zürich. In: Lobnig, Hubert/Schwendenwein, Joachim/Zvacek, Liselotte (Hg.): Beratung in der Veränderung. Grundlagen, Konzepte, Beispiele. Gabler, Wiesbaden, S. 275-289

Heimerl, Katharina/Heller, Andreas/Zepke, Georg (2002): OrganisationsKultur des Sterbens. In: Grossmann/Scala (2002a), S. 106-127

Janes, Alfred (2003): Architekturen und Designs in der Beratung. Unveröffentlichtes Seminar-Skriptum. C/O/N/E/C/T/A Unternehmensberatung, Wien

Janes, Alfred/Prammer, Karl/Schulte-Derne, Michael (2001a): Transformation von Innen durch Strukturvorschläge. In: Janes/Prammer/Schulte-Derne (2001b), S. 51-132

Janes, Alfred/Prammer, Karl/Schulte-Derne, Michael (2001b): Transformations-Management. Organisationen von Innen verändern. Springer, Wien – New York

Mintzberg, Henry (1993): Structure in Fives. Designing Effective Organizations. Prentice Hall, New Jersey. Zit. nach Walter-Busch (1996), S. 19-20

Molterer, Franz (2002): Führung und Steuerung des Direktionsbereichs Rechtsschutz–Bezirksstellen–Gebäudemanagement in der Arbeiterkammer O.Ö. Masterarbeit im Rahmen des Universitätslehrgangs Organisationsentwicklung in Dienstleistungsunternehmen an der iff

Peischer, Josef/Polzer, Manfred (2001): Das Projekt aus Kundensicht: Ein Beitrag des Auftraggebers und des Projektleiters. In: Janes/Prammer/Schulte-Derne (2001b), S. 135-143

Simon, Fritz B./C/O/N/E/C/T/A (1998): Radikale Marktwirtschaft. Grundlagen des systemischen Managements. 3. Aufl. Carl-Auer-Systeme, Heidelberg

Walter-Busch, Emil (1996): Organisationstheorien von Weber bis Weick. Fakultas Verlag, Amsterdam

Peter Heintel, Larissa Krainer

Mediation im öffentlichen Raum

Am Flughafen Wien-Schwechat läuft seit längerer Zeit ein komplexes Mediationsverfahren. Unsere iff-Abteilung „Weiterbildung und systemische Interventionsforschung“ wurde von der FWAG (Flughafen Wien-Schwechat AG) zu einer Begleitforschung eingeladen, die seit Beginn des Verfahrens läuft.* Die Beteiligung der unterschiedlichsten Gruppierungen am Verfahren** konstituiert einen *„öffentlichen Raum“,* in dem die unterschiedlichsten Interessen aufeinander treffen („Privatinteressen“ von Lärmbetroffenen, Wirtschaftsinteressen von UnternehmerInnen, AktionärInnen und Gemeinden, politische Interessen von BürgermeisterInnen und MandatarInnen, ökologische Interessen von Umweltbeauftragten usw.). Diese bekommen in der Mediation ebenso eigenständige Artikulationsmöglichkeit, wie sie auch aufeinander bezüglich gemacht werden.
Der intermediäre, öffentliche Raum entsteht jedoch, so unser Vorschlag, nicht schon dadurch, dass etwas (medial) öffentlich ist, also eine gewisse Informationsverbreitung erfahren hat, sondern erst dadurch, dass die von einem Thema, einem Problem Betroffenen, an ihm und bestimmten Lösungen Interessierten bzw. deren RepräsentantInnen in bestimmten, passenden Organisationsformen direkt aufeinander treffen und als Personen und Gruppierungen miteinander kommunikativ vernetzt werden. Voraussetzungen für das Entstehen eines solchen „Raumes“ sind daher: eigenständige Interessenvertretung, Vereinbarungen (und Pflichtübernahmen) für ein bestimmtes Verfahren (eine bestimmte Organisation), Vereinbarungen über den Umgang mit Informationen und Teilergebnissen, Planung von Rückbindungsverfahren sowie grundsätzliche Offenheit gegenüber möglichen Resultaten (tendenziell: Machtverzicht bei meist vorhandener Ungleichverteilung und Asymmetrie zu Beginn des Verfahrens).
Von der Sinnfälligkeit, ja Notwendigkeit, zivilgesellschaftliche Einrichtungen zu fördern, wird viel gesprochen. Immer aber gibt es auch noch die relativ fruchtlose, weil meist formal bleibende Diskussion, die in bekannten Wendungen ausgetragen wird, etwa: „mehr Staat“ oder „mehr privat“. Leider sind auch ihre praktischen Konsequenzen bemerkbar, die in obiger Alternative spielen; so ten-

---

* Inzwischen wurden von uns mehrere Berichte vorgelegt; wir danken der FWAG an dieser Stelle für die Freigabe der in diesem Text enthaltenen Auszüge aus den Berichten.

** Hierzu zählen folgende Gruppierungen: Nachbarschaftsbeirat (BürgermeisterInnen der Anrainergemeinden), Umweltanwaltschaften von Wien und Niederösterreich, BürgerInneninitiativen, SiedlerInnenverbände, Flugbetrieb (Flughafen Wien AG, Austrian Airlines, Austro Control GmbH), politische Parteien, die Länder Wien und Niederösterreich, einzelne Wiener Bezirksvertretungen, diverse Kammern, Verbände und Interessenvertretungen sowie der Nationalpark Donau-Auen GmbH.

dieren neoliberale Regierungen zu größtmöglichen Privatisierungen (auch der „öffentlichen Güter", siehe GATS-Verträge), während wohlfahrtsstaatliche Parteien dies als Verantwortungsabschiebung bzw. überhaupt als Bankrotterklärung der Politik geißeln. Einen zentralen Grund für dieses Hin und Her – wobei derzeit tatsächlich von einem Übergewicht des Ökonomischen über politische Handlungsmöglichkeiten ausgegangen werden kann – sehen wir im Mangel bestehender intermediärer Räume, im Mangel konstituierter und organisierter Öffentlichkeit. Fehlt diese aber, entscheidet letztlich Macht oder die Politik muss ein „Machtwort" sprechen. Beide Konsequenzen verlängern ein meist nicht mehr problemadäquates Vorgehen, drängen Politik und vor allem die Medien in die bekannten Rollen und machen Betroffene zu inaktiven ZuschauerInnen. Daraus entsteht eine Teilentmündigung von Öffentlichkeit – mit demokratiepolitisch bedenklichen Folgen.
In welcher Weise ein Mediationsverfahren diesem Trend entgegenwirken kann, soll im Weiteren an zwei ausgewählten Themenbereichen erläutert werden: am Thema Demokratie, politische Verfahren, und am Thema Medien, öffentliche Transparenz.

Zum Verhältnis von Mediation und Politik

Der Regelungsbedarf komplexer Konfliktfälle und dessen Wahrnehmung zeigen nämlich schonungslos Stärken und Schwächen des demokratisch verfassten Rechtsstaates, der mehrheitsverpflichteten repräsentativen Demokratie auf. Die Frage, die sich in unserem thematischen Zusammenhang hier stellt, lautet: Kann es alternativen Konfliktregelungen wie etwa der Mediation, die sozusagen von der Politik „freigegeben" werden, gelingen, ihre Stärken „im Rücken" nutzend die Schwächen zu verringern? Dieser Frage soll anhand des Mediationsverfahrens „Flughafen Wien" nachgegangen werden.
Zunächst aber zu den Vorteilen und Gefahren demokratischer, politischer Konfliktregelungen. Von allen anderen Staatsformen und deren politischen Wahrnehmungsmöglichkeiten lässt sich die Demokratie – vor allem in Bezug auf Konflikte – durch zwei grundlegende Merkmale unterscheiden, die wir als Vorteil und Fortschritt bezeichnen würden.
Erstens akzeptiert sie (Interessen-)Konflikte als berechtigt, notwendig, und verschafft ihnen in Verfahren und Prozessen einen dementsprechenden Platz. Sie selbst ist ja Abbild dieses Merkmals: Opposition, Gegnerschaft ist nicht nur akzeptiert, sondern verfassungsmäßig institutionalisiert. Auch wenn Gesetze meist nur mehrheitlich beschlossen werden, in Vorverhandlungen wird dennoch an Kompromissen und Einigungen gearbeitet, jedenfalls gibt es zur Orientierung der StaatsbürgerInnen genug Möglichkeiten für die Opposition, ihre Argumentation transparent zu machen. Damit akzeptiert Demokratie ein gleichsam „dialektisches" Verhältnis in Ansehung von Widersprüchen und Konflikten. Wer Recht hat und wer nicht, kann zwar am bestehenden Rechtssystem

gemessen werden, aber selbst Letzteres muss erst „prozessual" erarbeitet werden (z.B.: Umweltverträglichkeitsprüfungs-Verfahren), d.h., es ist nicht von vornherein „logisch", nach wahr und falsch entscheidbar, unterliegt einem rechtsgestützten Prozess der Aushandlung. Auch die Gesetze, die Rechtsgrundlagen entspringen schließlich diesem Verfahren. Damit akzeptiert Demokratie grundsätzlich die lösungs- und „wahrheitskonstitutive" Funktion „kollektiver Autonomie". Konfliktlösungen werden nicht einfach autoritär-hierarchisch diktiert, sie müssen jeweils verhandelt und erarbeitet werden.
Zweitens gewährt Rechtsstaatlichkeit auch weitgehend Rechtssicherheit. Diese bedeutet weniger, dass für alle Fälle ein Gesetz zur Verfügung steht, aus dem eine Lösung sich gleichsam deduktiv automatisch ergibt – auch *im* Gesetzessystem müssen Lösungen immer neu erarbeitet werden und erst damit gewinnen sowohl die Gesetze Konkretheit wie auch die Fälle Berücksichtigung –, es heißt vielmehr, dass es zumindest drei Fundamente für Konfliktregelungen gibt: einen transparenten Rechtsrahmen, Verfahrensregeln, in denen Konflikte zu ihrem Recht gelangen, und schließlich ein Bezugssystem, das in jedem Fall existiert, wenn alternative Konfliktlösungsverfahren scheitern. Nicht zu unterschätzen ist auch die Fähigkeit der Demokratie, mit neuen Gesetzen flexibel auf neue Rahmenbedingungen reagieren zu können.
Somit darf zusammenfassend die Demokratie sowie die ihr verpflichtete Politik als die einzige „großräumige" Organisationsform bezeichnet werden, die ein Konfliktlösungsmodell darstellt, das imstande ist, die Anerkennung der jedenfalls vorerst einmal vorhandenen „Gleichberechtigung" von unterschiedlichen Konfliktpositionen mit jener kollektiven Lösungsautonomie zu verbinden. Auch wenn das eine jeweils das andere bedingt – von vornherein selbstverständlich sind weder die Anerkennung noch die Etablierung beider. Erstere setzt nämlich eine Grundhaltung voraus, die sich bei uns jedenfalls emotionell nicht von selbst einstellt. Die Konfliktforschung weist nach, dass wir vor allem in mehr oder weniger gefährlichen Spannungssituationen entweder gerne flüchten oder „binär" reduzieren. Das bedeutet aber, auf der Schiene „wer hat Recht?" zu fahren, was schließlich immer im „Sieger-Verlierer-Modell" mündet. Zweiteres muss für die vielen Menschen und Interessen erst einmal adäquat organisiert werden, sind wir doch historisch überhaupt kaum darin eingeübt, „großräumige" Konflikte unter Anerkennung ihrer gleichberechtigten Kontrahenten kollektiv autonom auszuhandeln. Auch wenn es hier noch viel an organisatorischem Entwicklungspotenzial gibt, bleibt festzuhalten: Demokratie ist jene verfasste Staatsform, die im Zusammenhang mit Konflikten die größtmöglichen Chancen bietet, die Lösungsstrategien Kompromiss und Konsens einzuschlagen; also Flucht, Kampf und Delegation als einzige traditionelle Formen zu überwinden (vgl. Schwarz 1997).
Neben diesen hoffentlich unverlierbaren Stärken lassen sich aber auch diverse Schwächen lokalisieren, die Konfliktlösungsprozesse nur suboptimal gestalten lassen. Genau sie wären aber jener Ort, an dem man nach Modellerweiterungen bzw. -ergänzungen Nachschau halten könnte. Diese bestehen

- in dem Thema „Repräsentation“ als notwendige Organisationsform gegenwärtiger Demokratien,
- im unausgeglichenen Verhältnis zwischen Kompromiss-Konsens-Bemühungen und Mehrheitsentscheidungen,
- in der Bedeutung von Wahlen und dem hier immer wieder ausgegrabenen „Sieger-Verlierer-Modell“,
- in der stellvertretenden Übernahme von Konflikten, die vor Ort zwar vorhanden sind, dort aber aus verschiedenen Gründen nicht ausgetragen werden,
- in der Intransparenz und Informalität von Informations-, Aushandlungs- und Entscheidungsprozessen („Packeleiverdacht“),
- in der materiellen und organisatorischen Komplexität von Konfliktszenarien und deren Lösungsmöglichkeiten,
- im dominanten Charakter medialer Vermittlungen,
- im Abschieben von notwendigen Lösungsprozessen auf ExpertInnen und Gutachten,
- in der sich vervielfachenden Ausbreitung und Differenzierung von Subsystemen und deren unterschiedlichen, widersprüchlichen Logiken,
- in der strukturbedingten Neigung der Politik zum Populismus,
- in der Abhängigkeit der Politik von dominanten Subsystemen der Gesellschaft, z.B. von der Wirtschaft oder von einem interessensteuernden Lobbyismus, sowie
- schließlich im generellen Zeitdruck, in dem sich Lösungsaufgaben stellen, denn vor allem nicht direkt Beteiligte fordern schnelle Lösungen, aber auch individuell Betroffene, die aus verständlichem Leidensdruck heraus sich weigern, die Berechtigung gegnerischer Interessen wahrzunehmen.

Auf nähere Erläuterungen der Schwächen in dieser Liste muss an dieser Stelle verzichtet werden*, sicher waren sie nicht ausschlaggebender Grund, das Mediationsverfahren zu starten (hiefür waren sicher andere Motive maßgeblich – ein unglücklicher Start, die dritte Piste öffentlich plausibel zu machen, der Wunsch des Flughafens, sich ein positives Image zu bewahren, die Aufwändigkeit von UVPs bei weitgehend ungeklärter Ausgangslage, die Vermeidung möglicher Demonstrationen nach internationalen Vorbildern, die Schwierigkeiten, politisch zu entscheiden, bei gespaltener Wählerschaft usw.) (vgl. Wissenschaftliche Begleitforschung Mediationsverfahren Flughafen Wien: Unveröffentlichter Zwischenbericht 2001).

Was wir aber für ein entscheidendes Motiv halten, ist die allgemeine Einsicht in die eigentlich für jede betroffene Partei bestehende *gespaltene* Interessenlage: Die Shareholder (z.B. die Länder Wien und Niederösterreich) wollen Wirtschaftserfolg, aber nicht auf Kosten von Wählerpotenzialen (das sind in Wien einige

* Eine vollständigere Aufzählung findet sich in: Wissenschaftliche Begleitforschung Mediationsverfahren Flughafen Wien: Unveröffentlichter Vorläufiger Endbericht 2003, S. 103 ff.

Zigtausend); der Flughafen will ebenso seinen wirtschaftlichen Prognosen entsprechen, aber nicht als *der* Buhmann dastehen, sondern ein geschätzter Arbeitgeber bleiben. Die BürgermeisterInnen wollen ihren BürgerInneninitiativen gerecht werden, zugleich aber auch jenen, die von den Arbeitsplätzen des Flughafens und den kommenden Steuervorteilen profitieren. Die gegen den Lärm mobilisieren, müssen zugeben, dass sie ab und zu auch ganz gerne fliegen. Schließlich wissen aber auch alle Betroffenen, dass es (im Sinn des zu vermeidenden Florianiprinzips) kaum eindeutige Siege gibt, die nicht auch auf Kosten anderer Beteiligter gehen.

In dieser mehrfach gespaltenen Ausgangslage kann eigentlich nicht „vernünftig" entschieden werden; auch das Delegieren an Politik oder Experten bringt die Ausgangslage nicht vom Fleck, zumindest lässt es sie von bezogenen Positionen nicht abrücken. Es könnte sich also bei den Betroffenen die Einsicht eingestellt haben, dass sich auf einem mediativen Verhandlungsweg vielleicht doch etwas Neues, jetzt noch nicht Vorstellbares ergeben könnte, das eine Vermittlung dieser Spaltungen ermöglichte.

Von großer Bedeutung – aber auch mit Schwierigkeiten verbunden – war der „Machtverzicht" des Flughafens, der, obwohl er das Verfahren weitgehend finanziert (eine wichtige Ausnahme stellen hier die Zeitinvestitionen der BürgerrepräsentantInnen dar), seine Absichten zu Gunsten einer Verfahrensoffenheit „ausgesetzt" hat. Auch wenn damit das Machtgefälle im Verfahren nicht grundsätzlich außer Kraft gesetzt wurde – organisatorisch und symbolisch wurde damit die Bedingung für demokratische Konfliktaushandlung geschaffen; mit diesem Verzicht wurde nämlich die (Gleich-)Berechtigung aller divergenten Interessen anerkannt und damit der Weg für Kompromiss- und Konsenslösungen eröffnet.

Internationale Beispiele haben längst gezeigt, dass in ähnlichen Konfliktfällen zwar Rechtsrahmen bestehen, die für Lösungen zuständig gemacht werden können, dass aber die gewählten Verfahren nicht befriedigen. Der Hauptgrund dafür liegt nicht so sehr in der Unterbewertung von Initiativen, die nicht juristische Parteienstellung erhalten, sondern, so wie wir es sehen, überhaupt im Delegieren an das Rechtssystem, was vielfach mit dem Verlust eigener Konfliktkompetenz einhergeht. Der Rechtsrahmen und die in ihm vorhandenen Gesetze sind auch nicht unbedingt geeignet, spezifische (fall- und situationsbezogene) Lösungskreativität zu fördern; partiell findet auch immer Entmündigung von Betroffenen, jedenfalls aber von besonderen örtlichen und konfliktspezifischen Umständen statt. Rechtsverfahren bestärken meist auch die Beteiligten, bei ihren Positionen zu bleiben, sie zu verteidigen, so lange es geht, und ihre Aufweichung als Niederlage zu empfinden. Mögliche Beweglichkeiten werden verhindert.

Es mag also ausreichende Gründe dafür gegeben haben, sich für ein Mediationsverfahren zu entscheiden – was aber bedeutet diese Entscheidung für das Verhältnis von Politik und Mediation und die Konstitution öffentlicher Räume? Eine der Grundhypothesen unserer Begleitforschung ist die Behauptung, dass

allein schon die Existenz – also das bloße „Sein" – dieses Mediationsverfahrens bereits einen nicht zu unterschätzenden Sinn- und Bedeutungsrahmen geschaffen hat (vgl. Wissenschaftliche Begleitforschung Mediationsverfahren Flughafen Wien: Unveröffentlichter Vorläufiger Endbericht 2003, S. 73 ff.). Gegenüber der Politik, und das ist ja der Themenschwerpunkt hier, wurde er dadurch hergestellt, dass das Thema Flughafen aus den Agenden der Alltagspolitik herausgenommen wurde. Für das Problem, das Thema und die an ihm Beteiligten bedeutet dies die Einrichtung eines *autonomen Bezirks*, in dem auch die Politik zunächst nur als gleichberechtigter Konfliktpartner auftreten kann. Sie ist damit nicht die ständig befragte, letztlich beanspruchte Entscheidungsautorität, sondern selbst Mitglied in einem Verfahren, in dem ebenso alle anderen Interessenvertreter gleiche Autorität beanspruchen können.
Auch wenn dieser Rollenwechsel zunächst ungewohnt sein mag – er eröffnet zugleich nicht unerhebliche Chancen. Eine besteht z.B. darin, dass sich die unterschiedlichsten politischen Anliegen besser und gemeinsam differenzieren lassen. Landesinteressen sind anders gelagert als kommunalpolitische Gemeindeinteressen, wirtschaftspolitische Interessen wiederum anders als soziale und umweltpolitische. Nicht, dass diese Unterschiede nicht auch sonst existierten, sie können aber selten in aller „Ruhe" und in ihrer Widersprüchlichkeit ausdiskutiert werden. Hand in Hand damit treten sachthematische, systemlogische Widersprüche in den Vordergrund und lassen parteipolitische Interessen eher in den Hintergrund treten. Was aber wahrscheinlich der wichtigste Vorteil dieser Installierung eines autonomen Bezirkes gegenüber dem Alltagsgeschäft der Politik ist, kann in der um das Gesamtproblem herum etablierten Projektorganisation gesehen werden. Mit ihr gewinnt das Konfliktthema nicht nur die ihm angemessene Bedeutung, sondern sie eröffnet auch gleichzeitig jenen notwendigen „Schutzraum", den man für ein sorgfältiges „handling" der Konfliktbearbeitung braucht. Derartige Einrichtungen sind im „normalen" politischen Geschehen eher selten. Zwar gibt es genug an Ausschüssen, Kommissionen etc., kaum aber professionell geführte Projektorganisationen, in denen gar direkt Betroffene Sitz und Stimme haben. Gegenüber autonomen Verhandlungs- und Schutzräumen muss das Alltagsgeschehen der Politik ohnehin ambivalent sein, und zwar auf Grund ihres doppelten, in sich nicht immer stimmigen Auftrags. Einerseits sollte Politik im Sinn demokratischer Konfliktlösungen sich ebenso diesen Schutzraum gönnen (was z.B. bedeutet, mit Zwischenergebnissen oder -differenzen auch in der Öffentlichkeit vorsichtig umzugehen), andererseits muss das Motiv stets eine Rolle spielen, wie man im Sinn nächster Wahlen Vorteile für seine Partei und sich selbst herausholt. Beide Impulse verursachen ein widersprüchliches Verhalten: Hier führt man „ernste Verhandlungen", dort wechselt man „politisches Kleingeld" und lässt sich etwas „über die Medien ausrichten". Bezüglich des Mediationsverfahrens ist demgegenüber festzuhalten, dass es bisher gelungen ist, das Verfahren aus diesem politischen Alltagsscharmützel weitgehend herauszuhalten.

Aber auch für das politische System eröffnen sich in diesem Zusammenhang neue, sinnvolle Möglichkeiten. Erstens steht es nicht unter Entscheidungsdruck und kann darauf verweisen, dass außerhalb seines direkten Einflussbezirkes ein Verfahren läuft, dessen Ergebnisse abzuwarten seien. Zweitens kann es erwarten, dass man sich in der gebotenen Ausführlichkeit mit den Problemen beschäftigt, in einem Zeitausmaß, das der Politik kaum zur Verfügung steht, was schließlich drittens auch bedeuten kann, dass sich PolitikerInnen über Entwicklungen und Ergebnisse kundig machen können, ohne selbst beteiligt zu sein. Letzteres schafft einerseits Informationsvorteile – bereits das bisherige Messverfahren hat Ergebnisse hervorgebracht, die in einer UVP oder einem anderen politisch-öffentlichen Verfahren kaum möglich gewesen wären –, zu denen man über diverse Vertretungen Zugang hat, andererseits ist man zunächst aus der Verantwortungspflicht entlassen, was zumindest ruhiges Erwägen und „freies" Nachdenken ermöglicht. Auch wenn Teile der Letztentscheidung politisch fallen mögen (obwohl es in Mediationsverfahren durchaus möglich ist, rechtlich verbindliche Verträge abzuschließen), kann man schon jetzt davon ausgehen, dass es sich hier um eine bestmögliche Entscheidungsvorbereitung handelt; der Politik wird einiges an Arbeit abgenommen, Kompromiss und Konsensergebnisse ersparen Mehrheitsentscheidungen, in denen es immer Verlierer gibt.

PolitikerInnen werden stets mehr oder weniger dazu gezwungen, Position zu beziehen. Diese soll möglichst klar sein und strikt vertreten werden. Meint jemand der Problemlage angemessen, „es sei alles so kompliziert", wird ihm eine solche Äußerung als Führungsschwäche angelastet. Ebenso wird es nicht gern gehört, wenn PolitikerInnen „um den heißen Brei herumreden", sich nicht festlegen lassen, sich um eine Antwort „herumdrücken". JournalistInnen können sehr nachdrücklich fragen. Auch hier dürfte es sich vielfach um Wunschprojektionen handeln. Obwohl wir im Allgemeinen wissen, dass viele Probleme nicht sofort eindeutige Stellungnahmen erlauben, verlangen wir diese offensichtlich von unseren politischen RepräsentantInnen. Das bedeutet, dass wir sie für fähiger phantasieren, als sie wirklich sind, vielmehr: im Moment auch sein können. Wir erwarten Autorität, Durchsetzungskraft und jene Klarheit, die uns fehlt. Mit der Parole „Sicherheit" wird in fast jedem Wahlkampf gearbeitet. Aber auch zwischendurch soll sie uns von PolitikerInnen vermittelt werden. So werden sie zu Kulissen einer Sicherheitsabsorption. Konfliktlagen demokratisch lösen zu wollen heißt aber zunächst nicht zu wissen, was dabei herausschaut. Hat man sich schon vorher festgelegt, eine unerschütterlich klare Position bezogen, kann ein Kompromissergebnis als Niederlage, als Gesichtsverlust ausgelegt werden („ja, aber damals haben Sie gesagt ..."); d.h., auf die Wunschprojektion bezogen, Verlust an Sicherheitsrepräsentation. Als PolitikerIn ist man daher in einer ständigen Zwickmühle: Legt man sich nicht fest, gilt man als tendenziell unehrlich (man hat etwas zu verbergen) oder als schwach, standpunktlos; legt man sich hingegen fest, läuft man Gefahr, für demokratische Konfliktlösungsprozesse schon vorweg zu

viel zu determinieren, z.B. dadurch für neue Argumente nicht mehr zugänglich zu sein.
Ein gelingendes Mediationsverfahren hat diese Probleme in weitaus geringerem Maß. Schon methodisch wird die eben genannte Situation verhindert, zumindest abgeschwächt. Position zu beziehen ist zwar auch hier die erste Pflicht, man weiß aber, dass es nie dabei bleiben kann; weiß also, dass Positionsveränderung für Lösung sinnvoll und notwendig ist und man damit nicht sein Gesicht verliert. Positionen sind daher alles andere als eine Vorwegnahme des Lösungsresultats, sie sind momenthaft Anfang, Ausgangsort eines Prozesses. Diese Tatsache macht den normalen Mediengewohnheiten auch Kopfzerbrechen. Sie können nicht so leicht in üblichen Mustern verfahren; die Dialektik von klarem Ausgangspunkt und unklarem Prozess und Ergebnis ist schwer vermittelbar. Sicherheitsabsorption kann ebenso wenig geliefert werden. Es ist daher auch aus diesem Grund gar nicht verwunderlich, dass Medien an Mediationsverfahren gar nicht so überschwänglich interessiert sind. Für das Verfahren selbst hat dies aber eher positive Auswirkungen. In aller Ruhe lassen sich „ungefährdet" Positionen beziehen, nach den ihnen zugrundeliegenden Interessen und Bedürfnissen befragen und sich dabei in Bewegung versetzen. Positionen haben oft den Charakter, feststehende Abgrenzung zu vermitteln. Auf ihre Hintergründe angesehen werden Grenzen durchlässig. Erst dies macht in Kontrapositionen auch so etwas wie gegenseitiges Verständnis möglich. Im Schutzraum eines Mediationsverfahrens kann man sich das eher leisten und auch zugeben als auf der öffentlichen politischen Bühne. Das in politischen Zusammenhängen immer wieder durchschlagende Sieger-Verlierer-Modell verliert an Bedeutung, insbesondere wenn man den dialektischen Charakter notwendiger Konflikte einzusehen beginnt. Man muss zu seinem Bedauern bemerken, dass Siegen zugleich auch Verlieren heißt, dass man zusammenhangsverwiesen einen Gewinn nicht „feiern" kann, solange sich die Verlierer in der Umgebung befinden. Mediationsverfahren entlasten daher die Alltagspolitik von all den Wunschprojektionen, die an sie herangetragen werden, und ermöglichen auch einen einfachen Umgang mit Positionsbezug und Positionsveränderung. Diese Entlastung ermöglicht demokratisch-politische Konfliktlösungsprozesse in angemessenerer Weise, als dies die Politik zu leisten imstande ist. In gewissem Sinn ist es daher manchmal gut, Demokratie „auszulagern".
Damit hilft Politik, sich selbst entlastend, einen öffentlichen Raum zu konstituieren, in dem Konflikte auf andere Art lösbar werden, als sie das tun kann.

Zum Verhältnis von Mediation und Öffentlichkeitsarbeit

Konflikte aller Art (wirtschaftspolitische, umweltrelevante, ethische etc.) bedürfen, so sie demokratische Bearbeitungsverhältnisse und Verhandlungsstrukturen herstellen wollen, der Verpflichtung zur Herstellung von Transparenz, und zwar sowohl innerhalb der eigenen Strukturen als auch über sie hinaus, im Sinn einer allgemeinen Transparenz und Öffentlichkeit. Das führt unmittelbar zu der Frage, welche begleitende Öffentlichkeitsarbeit für Mediationsverfahren notwendig ist. Roland Burkart hat bereits 1993 anhand einer Analyse verschiedener Planungsverfahren von Sondermülldeponien in Niederösterreich „Public Relations als Konfliktmanagement" (vgl. Burkart 1993) beschrieben. Für einen theoretischen Exkurs fehlt hier der Platz (vgl. dazu: Wissenschaftliche Begleitforschung Mediationsverfahren Flughafen Wien: Unveröffentlichter Vorläufiger Endbericht 2003, S. 76 ff.). Es ist dabei aber immer davon auszugehen, dass demokratiepolitische Verfahren von öffentlichem Interesse neben der notwendigen internen Öffentlichkeitsarbeit (bezogen auf die partizipierenden Verfahrensparteien) auch einer externen Öffentlichkeitsarbeit (bezogen auf alle potenziell betroffenen, aber nicht partizipierenden Dialoggruppen) bedürfen, die es jenen, die nicht oder auch nur partiell teilnehmen, ermöglicht, zumindest einen gewissen Einblick in den Diskurs (das Konfliktverfahren) und seinen Verlauf zu nehmen.

Aufgaben der internen Öffentlichkeitsarbeit wären etwa folgende:

- gemeinschaftliche Vereinbarung von Terminen und Treffen unter all jenen, die in den Subgruppen betroffen sind;
- Informationen über interne Verfahrensabläufe (Termine, Veranstaltungen etc.) für alle im Sinn einer Herstellung von Transparenz über aktuelle Geschehnisse im Verfahren;
- Schaffung der Möglichkeit des Zugangs aller zu allen vorhandenen Informationen (Protokolle, Ergebnisse, Expertisen, Unterlagen etc.), um dem Ideal einer „Chancengleichheit im Wissen" nahe zu kommen;
- Gewährleistung eines potenziellen Zugriffs auf einen gemeinsamen „Wissensspeicher", um zu verhindern, dass individuelle Archive lückenhaft und unvollständig sind und um möglichst sicher zu stellen, dass eine gemeinsame Wissensbasis in Bezug auf das Verfahren (zumindest technisch) hergestellt wird.

Aufgaben der externen Öffentlichkeitsarbeit wären beispielsweise:

- Möglichkeiten zu schaffen für die nicht unmittelbar (oder nur via Stellvertreter) im Verfahren Beteiligten, Zugang zu Basisinformationen zu erhalten, die mindestens ein Nachvollziehen des Voranschreitens im Verfahren auf inhaltlicher Ebene ermöglichen;
- Vertrauen der Öffentlichkeit in das Verfahren selbst zu schaffen, nämlich im Sinn einer gewählten Konfliktbearbeitungsmethode, und dabei zeitgleich auch Verständnis für ihre möglichen Vor- und Nachteile zu erzeugen (z.B. Konsensorientierung, BürgerInnenbeteiligung etc. versus Zeitaufwand, Verfahrenskosten etc.).

Die Koppelung von strategischen Zielen der Öffentlichkeitsarbeit (z.B. Vertrauen, Transparenz herzustellen) und der Definition von internen und externen Ziel- oder Dialoggruppen ermöglicht es schließlich, zur Planung von PR-Maßnahmen voranzuschreiten. Am Beispiel des Mediationsverfahrens am Flughafen

Wien-Schwechat lässt sich beispielhaft erläutern, welche Herausforderungen und Chancen, aber auch pragmatischen Schwierigkeiten sich mit der Herstellung von Transparenz verbinden.
In struktureller Hinsicht wurde für die Öffentlichkeitsarbeit einerseits ein eigener Arbeitskreis Öffentlichkeitsarbeit eingerichtet, der für die operative Umsetzung der PR-Arbeit maßgeblich verantwortlich ist; die inhaltliche Entscheidung über alle kommunikationsstrategischen Fragen liegt aber zentral in einer Prozesssteuerungsgruppe, womit eine Ansiedelung der PR in der Nähe des „Managements" gewährleistet wurde, wie sie auch in der einschlägigen PR-Literatur empfohlen wird (vgl. dazu beispielgebend: Dozier/Grunig/Grunig 1995), die auf Grund des immanenten Zusammenhangs von Leitungsentscheidungen und PR-Maßnahmen eine möglichst nahe Ansiedelung der PR-Abteilungen unter der obersten Managementebene bzw. eine Einbindung der PR-Verantwortlichen in die Geschäftsführung (meist ohne Stimmrecht) vorschlägt.
Im Bereich der Öffentlichkeitsarbeit wurden folgende strategischen Maßnahmen ergriffen und umgesetzt:

- Betreuung der internen Öffentlichkeitsarbeit (insbesondere der informationsstrategischen Herausforderungen);
- Betreuung der externen Öffentlichkeitsarbeit: Vorbereitung und Begleitung/ Betreuung von Pressekonferenzen, Erstellen von Presseunterlagen, Kontaktstelle für Medienanfragen, Dokumentation von Pressemeldungen, Erstellung eines Newsletters sowie Planung, Organisation und Durchführung öffentlicher Informationsveranstaltungen;
- Konzeption sowie Erstellung und Betreuung der Medien des Mediationsverfahrens (insbesondere Website und Newsletter);
- Entwicklung von Vorschlägen für aktuelle PR- und Kommunikationsmaßnahmen, die sich im Verlauf des Verfahrens als sinnvoll erwiesen haben, etwa die Einrichtung eines virtuellen BürgerInnenbüros auf der Website (als Anlaufstelle für Anfragen, Kritik und Unmutsäußerungen von Seiten der externen Bevölkerung);
- Bewahren des Überblicks über alle Geschehnisse und Ereignisse im Mediationsverfahren, das in manchen Phasen sehr dicht verlaufen ist.

Zu den wichtigsten PR-Instrumenten im Mediationsverfahren zählen zweifelsohne die Website, der Newsletter sowie Pressekonferenzen und -aussendungen. Die Website (vgl. http://www.viemediation.at) des Mediationsverfahrens erfüllt Mehrfachfunktionen. Sie stellt ein allgemein zugängliches Archiv über sämtliche verfahrensrelevanten Punkte dar und ist auch einem externen Publikum zugänglich. Als klassisches Informationsinstrument für eine externe (nicht oder kaum involvierte) Öffentlichkeit wurde ein „Newsletter" geschaffen, der vierteljährlich aufgelegt und in breitem Umfang (Auflage ca. 180.000 Stück) in allen Anrainergemeinden wie auch in den hauptbetroffenen Bezirken Wiens (gleichsam als Instrument für die Betreuung „latenter" Dialoggruppen) verteilt wird. Im Rahmen von Pressekonferenzen wird zudem regelmäßig die Medien-

öffentlichkeit über den aktuellen Verfahrensstand informiert. Diese allerdings musste selbst einiges lernen, insbesondere zu akzeptieren, dass ein Mediationsverfahren Zeit braucht, dass Ergebnisse über weite Strecken „nur“ Teilergebnisse sind und die klassische Medienlogik in Teilen aussetzt. So haben sich die Mediationsparteien von Anfang an darauf geeinigt, die Öffentlichkeit gemeinsam zu informieren, während der Phase des Verfahrens auch ihre individuellen Medieninformationen ein Stück weit „auszusetzen“ und den Umgang mit JournalistInnen sehr sorgsam zu planen. Ein weiteres wichtiges Betätigungsfeld im Kontext der Pressearbeit war die laufende Beobachtung des Umfeldes (z.B. Wahlen auf Landes- und Nationalratsebene) sowie der aktuellen Themen im Sinn von „Issues Management“. Das Instrument der Presseaussendungen wurde einerseits pressekonferenzbezogen eingesetzt, andererseits (als schneller umsetzbares Instrumentarium) auch anlassbezogen verwendet. Dabei wurden Presseaussendungen immer vom Mediationsforum, also dem höchsten und größten Gremium, im Sinn eines kollektiven Einverständnisses beschlossen.
Neben jenen Instrumenten, die sich mit einiger Plausibilität dem Instrumentarium klassischer PR-Methoden zuordnen lassen, bestand im Rahmen des Mediationsverfahrens auch ein breites Spektrum sonstiger Kommunikationsinstrumente, aber auch -strategien, die nicht unerwähnt bleiben sollen. Zu ihnen zählen die klassischen Informations- und Kommunikationsinstrumente der Mediation. Für die meisten der im Verfahren abgehaltenen Sitzungen war folgender Organisations- und Kommunikationsaufwand nötig:

- Festlegen von Terminen (möglichst im Konsens mit allen, die teilnehmen sollen);
- Organisation eines passenden Raumes;
- Kommunizieren der Termine und der zugehörigen Tagesordnung sowie Publikation der Termine auf der Website;
- Verfassen von vorläufigen Sitzungsprotokollen (im Sinn von Verlaufs- oder Prozessprotokollen) und von vorläufigen Beschlussprotokollen;
- Versand der vorläufigen Protokolle an alle SitzungsteilnehmerInnen und Einholen von Zustimmung bzw. Ergänzungs- oder Änderungswünschen;
- Einarbeitung der Ergänzungs- und Änderungswünsche;
- Publikation der beschlossenen Protokolle auf der Website.

Zu all den genannten Punkten gehörte ein interner Diskussionsprozess, der zwar in unterschiedlicher Intensität ausfallen konnte, keinesfalls aber gänzlich wegfallen durfte. Für das Protokollwesen wurde eine professionelle Mediatorin engagiert, die inhaltliche Verantwortung nahmen die Steuerungsverantwortlichen (Mediationsteam und Prozessprovider) wahr.
An dieser Stelle sei aber auch auf eine weitere zentrale Informations- und Kommunikationstechnologie innerhalb des Verfahrens hingewiesen: Die offizielle Kommunikation außerhalb der und zwischen den Sitzungen erfolgte während des gesamten Verfahrens schwerpunktmäßig via e-mail. Sämtliche Informationen wurden so verteilt, sämtliche Rückmeldungen auf diesem Wege eingeholt.

Ohne die elektronische Kommunikationsschiene hätten sich Postkosten vermutlich ins Unendliche bewegt und wären viele Fristläufe nicht einzuhalten gewesen. Umgekehrt sind sich die Teilnehmenden aber auch der negativen Seiten der e-mail-Kommunikation bewusst, die sich insbesondere in einer drohenden Informationsüberflutung äußern, weil sich alles per Mausklick so einfach verschicken lässt. Auch Konfliktaustragung erfährt hier ihre Grenzen.
Die interne Kommunikation kennt darüber hinaus aber auch zwei grundlegende Qualitäten, denen eine letzte Bemerkung gewidmet sein soll: Sie betreffen das Verhältnis von formeller und informeller Kommunikation. Beide Kommunikationsarten brauchen ihren Platz und sind doch mit Vorsicht gegeneinander abzuwiegen. Viele Informationen sind nur in persönlichen Gesprächen zwischen Verfahrensleitung und Teilnehmenden zu gewinnen, zugleich aber ist diese Art der informellen Kommunikation immer dazu angetan, Misstrauen bei jenen zu schüren, die bei den Gesprächen nicht anwesend waren; Mauscheleiverdacht kommt auf. Insofern ist es notwendig, dass die auf informellem Weg gewonnenen Informationen auch öffentlichen Stellenwert erhalten. Dabei gilt es aber Vorsicht zu bewahren, um nicht das Vertrauen jener, die informelle Informationen gegeben haben, auf lange Sicht zu verlieren.
Die Herstellung von Transparenz für ein Mediationsverfahren im öffentlichen Raum hat einen mehrfachen Balanceakt zu leisten: Sie muss abwägen, was der internen Kommunikation (im Sinn des Schutzes gegenüber der externen Öffentlichkeit) vorläufig vorbehalten bleibt und was demgegenüber der externen Öffentlichkeit (im Sinn der Herstellung der Transparenz über das Verfahren hinaus) zuzuführen ist. Sie muss in der Verteilung von Information sorgsam abwägen, um ausreichend, aber nicht überfordernd zu informieren. Sie muss sich verschiedene Kommunikationsarten (formell, informell) nutzbar machen und um deren jeweilige Chancen und Gefahren wissen. Dieser Balanceakt ist im Verfahren Thema gemeinsamer Gespräche und Entscheidungen. Auch hier zeigt sich die Möglichkeit von Vorteilen gegenüber politischem Alltagsgeschäft, in dem eher strategische, parteipolitisch induzierte Gesichtspunkte im Vordergrund stehen.

Literatur

Burkart, Roland (1993): Public Relations als Konfliktmanagement. Ein Konzept für verständigungsorientierte Öffentlichkeitsarbeit. In: Pelinka, Anton/ Haerpfer, Christian (Hg.): Studienreihe Konfliktforschung. Bd 7. Braumüller, Wien

Dozier, David M./Grunig, Larissa A./Grunig, James E. (1995): Manager's Guide to Excellence in Public Relations and Communication Management. Erlbaum, Mahwah/New Jersey

Heintel, Peter (2003): Mediation und Politik. In: Wissenschaftliche Begleitforschung Mediationsverfahren Flughafen Wien: Unveröffentlichter Vorläufiger Endbericht. Klagenfurt, S. 103-140

Krainer, Larissa (2003): Mediation und Öffentlichkeitsarbeit. In: Wissenschaftliche Begleitforschung Mediationsverfahren Flughafen Wien: Unveröffentlichter Vorläufiger Endbericht. Klagenfurt, S. 76-102

Schwarz, Gerhard (1997): Konfliktmanagement. Sechs Grundmodelle der Konfliktlösung. Gabler, Wiesbaden

Wissenschaftliche Begleitforschung Mediationsverfahren Flughafen Wien (2001): Unveröffentlichter Zwischenbericht. Klagenfurt

Wissenschaftliche Begleitforschung Mediationsverfahren Flughafen Wien (2003): Unveröffentlichter Vorläufiger Endbericht. Klagenfurt

Thomas Stern

Unterstützung von Innovationen als Steuerungsstrategie für das Schulsystem. Anmerkungen zum IMST²-Projekt

Entgegen der weit verbreiteten Einschätzung, wonach Schulen zu den trägsten und veränderungsresistentesten Institutionen zählen, bietet die aktuelle Schulwirklichkeit ein sehr abwechslungsreiches, buntes Bild. Den SchülerInnen wird mehr Selbstständigkeit als früher abverlangt, ihre LehrerInnen bieten ihnen eine breitere Vielfalt von Lernmöglichkeiten und ganze Schulen begeben sich auf die Suche nach maßgeschneiderten Lösungen für ihre spezifischen Probleme. Anstatt wie früher einheitliche Vorgaben umzusetzen, gehen sie dazu über, eigene Entwicklungsprogramme zu entwerfen und umzusetzen. Zentralistische Eingriffe werden zunehmend überflüssig und die staatliche Schulpolitik steht vor der Aufgabe, ein dereguliertes System zu steuern und langfristige Ziele zu formulieren. Für die autonomen Schulen werden Richtlinien für ihre Rechenschaftslegung und Qualitätsevaluation umso wichtiger, je mehr Entscheidungen sie selbst treffen können. Mehrere Steuerungsstrategien stehen dabei zur Auswahl: die Entwicklung entweder durch externe Vorgaben und Kontrollen (zentral durchgeführte Tests und Schulevaluationen) voranzutreiben oder den staatlichen Einfluss zurückzunehmen und die Entwicklung mehr dem marktorientierten Wettbewerb zu überlassen oder durch die Unterstützung von Eigeninitiativen und Selbstevaluationen (Beratung und Monitoring). Der folgende Aufsatz versucht nach einem kurzen Überblick über die Problemlage und die derzeitigen Tendenzen die bisherigen Erfahrungen und Erkenntnisse des Forschungs- und Entwicklungsprojekts IMST² zum Aufbau eines Unterstützungssystems für Schulen aus der Projektinnensicht zu resümieren. Dabei lässt sich zeigen, wie durch Kooperation von wissenschaftlicher Forschung, Schulverwaltung und Schulpraxis sowie durch aktive Einbeziehung aller AkteurInnen, insbesondere der LehrerInnen, die Qualität des Unterrichts, der Schulorganisation und des Systems weiterentwickelt werden kann. Der Autor ist Physiklehrer und wissenschaftlicher Mitarbeiter an der iff.

Staatliche Verantwortung für öffentliche Bildung in Zeiten des Neoliberalismus

Für eine möglichst breite Bildung der Bevölkerung zu sorgen ist eine der zentralen Aufgaben des Staates. Dahinter stehen drei gesellschaftspolitische Ziele: ein kulturelles, ein wirtschaftliches und ein soziales. Erstens soll das Schulsystem durch Wissenstransfer kulturelle Identität tradieren, indem es allen Kin-

dern die elementaren Kulturtechniken vermittelt und sie mit Literatur, Kunst, Geschichte und Wissenschaft vertraut macht. Zweitens geht es um Wettbewerbsfähigkeit, d.h. um die Sicherung wirtschaftlicher Zukunftschancen durch die Förderung vielfältiger berufsbezogener Fähigkeiten. Die dritte Aufgabe der Schule ist es, für Chancengerechtigkeit zu sorgen, d.h. verschiedene Bildungsvoraussetzungen auf Grund der Herkunft auszugleichen und so den gesellschaftlichen Zusammenhalt zu stärken. Der freie Zugang zu einem guten öffentlichen Schulwesen ist eine gute Voraussetzung dafür.
Zwei neue Tendenzen führen in jüngster Zeit zu einer Umbruchssituation im Schulsystem, die mit bisherigen Selbstverständlichkeiten aufräumt. Erstens eröffnet die Autonomisierung den einzelnen Schulen schrittweise (wenn auch vorerst unter dem Druck gleichzeitiger Einsparungsmaßnahmen) Entscheidungsspielräume für Anschaffungen, für Personalpolitik und für die pädagogische Ausrichtung. Schulen mit unterschiedlichen Profilen bieten den Eltern und SchülerInnen mehr Wahlmöglichkeiten. Der steigende Aufwand für Unterrichts- und Schulentwicklung erfordert eine Neuaufteilung der Agenden und die Schaffung eines mittleren Managements. Das sorgt an den Schulen für Spannungen, die sowohl zu einer Machterweiterung der Schulleitung als auch zu mehr Mitbestimmung durch die LehrerInnen führen können.
Zweitens steht auch der Staat vor einem Dilemma: Die bürokratische Steuerung stößt an Grenzen. Sie behindert die wachsende Eigenverantwortung der dezentralen Einheiten und zugleich nehmen ihre Einflussmöglichkeiten auf die Qualität der Schulen ab. Was bedeutet das für die Zukunft des österreichischen Bildungssystems? Werden die Schulen im Zuge der Deregulierung sich selbst überlassen, kommt es zu einem Wettbewerb um Ressourcen, SchülerInnen und LehrerInnen? Oder bleibt es vorerst doch bei der „bewährten“ bürokratischen Steuerung von oben? Ein dritter Weg wäre eine umfassende Qualitätsentwicklung des Gesamtsystems durch neue Steuerungsstrategien, die einem Qualitätsverlust, einer mangelhaften Anpassung an neue Anforderungen und einem Auseinanderdriften des Bildungssystems entgegenwirken. Die staatliche Bildungspolitik steht vor der Aufgabe, Stärken und Schwächen des Schulsystems nüchtern zu analysieren, sich neuen Herausforderungen zu stellen sowie die Schulen und die LehrerInnen für ambitionierte Entwicklungsprogramme zu mobilisieren. Mit der Beteiligung an TIMSS und PISA, der Einrichtung einer „Zukunftskommission“ und dem IMST^2-Projekt 2000-04 sind in Österreich Schritte in diese Richtung gesetzt worden.

TIMSS und PISA: Befunde über Stärken und Schwächen des Schulsystems

Fast unmerklich hat sich in der österreichischen Bildungspolitik im letzten Jahrzehnt eine erstaunliche Änderung vollzogen. Während bisher Auseinandersetzungen beispielsweise pro und kontra Gesamtschule, Sexualkundeunterricht,

Aufstiegsberechtigungen oder Zwei-Phasen-Schularbeiten von den politischen und ethischen Überzeugungen der Akteure abhingen, treten seit TIMSS und PISA empirische Daten und Analysen als Voraussetzungen für bildungspolitische Entscheidungen in den Vordergrund. „Without data", verkündet PISA-Koordinator Andreas Schleicher in seinen Vorträgen, „you are just another person with an opinion." Als Rechtfertigung für Maßnahmen reichen Meinungen allein nicht mehr, sondern es bedarf wissenschaftlich abgesicherter Argumente. In der Bildungsforschung spricht man von einer „empirischen Wende" (Lange/Baumert 2001). Mit den Ergebnissen von TIMSS und PISA, aber auch mit den OECD-Erhebungen „Education at a Glance" liegen Datenauswertungen vor, die nur schwer zu ignorieren sind.

TIMSS (Third International Mathematics and Science Study) war die erste internationale Vergleichsstudie, an der sich Österreich 1995-1999 beteiligte. An den Leistungstests im mathematisch-naturwissenschaftlichen Bereich nahmen insgesamt eine halbe Million SchülerInnen in 47 Ländern teil. Drei Altersgruppen wurden befragt, auch mit qualitativen Fragebögen über Einstellungen, Interessen, sozialen Hintergrund usw. Die Ergebnisse waren teilweise sehr unerfreulich:

- Die 10-jährigen österreichischen VolksschulabsolventInnen schnitten bei den Leistungstests hervorragend ab, die SchülerInnen der 7. und 8. Schulstufe lagen oberhalb des internationalen Durchschnitts.
- Aber die 18-jährigen MaturantInnen landeten in Mathematik an letzter und in Physik an vorletzter Stelle.
- Dazu kam, dass die Mädchen im Durchschnitt sehr viel schwächere Leistungen erzielten als die Burschen, ganz anders als etwa in Schweden oder den Niederlanden. Interessant waren auch die Fragebogenergebnisse bei dieser Altersgruppe.
- Nur zwei Drittel der befragten SchülerInnen gaben an, dass in jeder oder fast jeder Mathematikstunde eigenständige Denkleistungen erwartet würden; in Frankreich, Griechenland, Tschechien oder den USA waren es ca. 90%.
- Auch können sich in Österreich weniger SchülerInnen als in irgendeinem anderen Land vorstellen, einen Beruf zu ergreifen, der etwas mit Mathematik zu tun hat.

Die IMST-Analyse der TIMSS-Ergebnisse zeigte, dass die österreichischen SchülerInnen Fragen nach Merkwissen oder Routinerechenverfahren recht gut beantworten konnten, aber massive Schwierigkeiten bei anspruchsvolleren Aufgaben hatten, in denen argumentiert oder begründet werden sollte. Der Mathematik- und Physikunterricht ist in den deutschsprachigen Ländern nach einem bestimmten Muster gestrickt, das anders als in Japan oder den Niederlanden wenig Raum für eigenes Nachdenken und Problemlösen lässt. Man spricht vom „fragend-entwickelnden Unterricht", der frontal, lehrerInnenzentriert und eng geführt wird. Zwar gibt es ein Wechselspiel zwischen LehrerInnenfragen und SchülerInnenantworten. Aber erwünscht ist nur, Schritt für Schritt dem Gedankengang des Lehrers oder der Lehrerin zu folgen. Was dabei zu kurz kommt, sind eigene originelle Überlegungen und alternative Lösungswege. Daher beteiligen sich bei einem solchen Klassengespräch oft nur wenige SchülerInnen, viele schalten ab. Erst in den letzten Jahren hat eine Umorientierung zu individualisierten Lernformen begonnen, zum selbstständigen und eigenverantwortlichen Arbeiten statt eines „One-size-fits-all"-Unterrichts. Diese Ansätze zu stärken wäre eine der vordringlichsten Maßnahmen, um die Effektivität des österreichischen Schulsystems zu verbessern (IMST- und IMST²-Berichte und -Analysen 2000 ff.; Krainer 2002).

Die OECD-Studie PISA 2000 (Programme for International Student Assessment) testete in vorerst 32 Ländern die Lese-, Mathematik- und Naturwissenschaftskompetenz 15-jähriger SchülerInnen aller Schultypen und befragte sie über ihren Bildungshintergrund. Die durchschnittlichen österreichischen Testergebnisse sind vergleichsweise nicht schlecht und liegen im oberen Mittelfeld (OECD 2001; siehe auch Haider/Lang 2000). Problematisch für das österreichische Schulsystem ist jedoch,

- dass die Streuung – d.h. die Unterschiede zwischen den Leistungen der besten und der schwächsten SchülerInnen – im Vergleich zu anderen Ländern wie etwa Finnland oder Südkorea sehr groß ist;
- dass ca. 14% der SchülerInnen beim Lesen in der niedrigsten Kompetenzstufe bzw. noch darunter sind und dass es insbesondere unter den Buben eine große Zahl funktioneller Analphabeten gibt;
- dass in Österreich der sozio-ökonomische Status und der Bildungshintergrund der Eltern einen besonders starken Einfluss auf die SchülerInnenleistungen haben, d.h., dass die Schule in sozialer Hinsicht praktisch keine ausgleichende Rolle spielt;
- dass die Durchschnittsleistungen an den AHS-Unterstufen (Allgemeinbildende Höhere Schulen) zwar signifikant besser sind als an den Hauptschulen, dass sich aber die leistungsstärksten und leistungsschwächsten SchülerInnen auf beide Schultypen verteilen;
- dass in Schulen gleichen Typs die Tests sehr verschieden ausgefallen sind: Durchschnittsergebnisse an AHS differieren um fast zwei von insgesamt fünf Kompetenzstufen;
- dass besonders große Leistungsdifferenzen zwischen Mädchen und Burschen im mathematischen und naturwissenschaftlichen Bereich bestehen. Umgekehrt ist die Lesekompetenz der Burschen signifikant schlechter als die der Mädchen. Diese Unterschiede sind in OECD-Ländern mit mehr spezifischen Förderprogrammen zur Angleichung von Bildungschancen wesentlich geringer (OECD 2002).

Dem Schulsystem in Österreich gelingt es also nicht so gut wie in anderen Ländern, den Kindern gleiche Bildungschancen in gleichwertigen Schulen zu bieten und Benachteiligungen auf Grund des familiären Hintergrunds durch Förderung auszugleichen (OECD 2002). Insbesondere verkleinert die Gliederung des Schulwesens für 10- bis 14-Jährige weder die Unterschiede bei den Leistungen noch beim Bildungszugang. Es geht dabei offenbar nicht um Leistungsdifferenzierung, sondern eher um soziale Segregation und Beibehaltung traditioneller Geschlechterrollen. Die Länder mit den besten Durchschnittsleistungen beim Vergleichstest haben Gesamtschulen sowie intensive Lernförderung für die Lernschwachen und für Kinder mit fremder Muttersprache. Laut PISA-Bericht gibt es „keinen Gegensatz zwischen hervorragenden Durchschnittsleistungen und hoher Leistungshomogenität". Die Analyse von Beispielen vor allem aus skandinavischen und asiatischen Ländern widerlegt das Vorurteil, dass durch heterogene Klassen das Leistungsniveau aller SchülerInnen nach unten nivelliert werde (OECD 2002).

Druck von außen: bildungspolitische Zielsetzungen und EU-Benchmarks 2010

„Vorrang für Bildung" ist seit der Lissabon-Konferenz 2000 die Strategie aller Länder der Europäischen Union, um die EU zum „wettbewerbsfähigsten und dynamischsten wissensbasierten Wirtschaftsraum der Welt zu machen". Zu diesem Zweck einigte sich der EU-Rat für Bildung am 5. 5. 2003 in Brüssel auf fünf EU-Benchmarks (d.h. konkrete Zielvorgaben), die gemeinsamen Entwicklungszielen bis 2010 entsprechen, und zwar:

- Die Zahl der SchulabbrecherInnen soll europaweit auf unter 10% gesenkt werden. (Das ist in Österreich bereits erreicht.)
- Der Anteil von 15-Jährigen mit Leseschwierigkeiten wird im Vergleich zu 2000 um 20% (in Österreich von 14% auf 11,2%) vermindert.
- 85% der 22-Jährigen sollen über einen Abschluss der Sekundarstufe II verfügen (in Österreich derzeit inklusive Berufsausbildung/Lehre bei 80%).
- Die Studienabschlussquoten an den Hochschulen für Mathematik, Naturwissenschaften und Technik sollen um mindestens 15% steigen – bei gleichzeitiger Abnahme des Geschlechterungleichgewichts.
- Die Beteiligung Erwachsener (25- bis 64-Jähriger) an Weiterbildungsprogrammen soll auf 12,5% steigen.

Das Bildungsministerium (BMBWK 2003) verpflichtet sich damit zu einer Verbesserung der Leistungsfähigkeit des österreichischen Systems. Neu daran ist, dass die Qualität des Bildungssystems nach dem Output, d.h. nach den Ergebnissen beurteilt wird, nach AbsolventInnenzahlen und SchülerInnenleistungen, und nicht nach dem Input, d.h. den Investitionen in Schulausstattung, LehrerInnenausbildung u.a. Fortschritte müssen mit Evaluationsdaten belegt werden. Diese lassen sich aber nicht im Ministerium mit gesetzlichen Verordnungen verbessern, sondern nur an den Schulen durch eine Weiterentwicklung der Unterrichtsqualität.

Druck von unten: Innovationen an der Basis als Antwort auf neue gesellschaftliche Anforderungen

In vielen Schulen weht ohnehin seit Jahren ein neuer Wind. Die Schulklassen sind heterogener geworden, die SchülerInnen kommen aus unterschiedlichen Kulturen, sozialen Milieus und Familiensituationen. Geändert hat sich auch das, was gelernt werden soll. Der permanente gesellschaftliche Wandel erfordert einen neuen Bildungsbegriff und die Entwicklung „dynamischer Fähigkeiten" wie etwa Denken in Zusammenhängen, Lernen anhand komplexer, lebensnaher Problemstellungen, Beschaffung und Bewertung von Informationen, Generieren und Anwenden von lokalem Wissen oder Teamkooperation und Kommunikation nach außen.
Der starke Veränderungsdruck führt zu einer eindrucksvollen Vielfalt kreativer Ansätze und zu einer bemerkenswerten Aufbruchsstimmung. Der Umbau „von der Unterrichtsschule zur Angebots- und Förderschule" (Oelkers 2003) hat bereits begonnen. Die Schlagworte sind „neue Lehr- und Lernkultur", „autonome Schulentwicklung" und „Qualitätsmanagement".

- „Neue Lehr- und Lernkultur" im *Klassenzimmer* setzt auf mehr selbstständiges und eigenverantwortliches Arbeiten der SchülerInnen. Mehr Lernen in Gruppen, mehr Eigenaktivitäten wie Lesen und Exzerpieren, Experimentieren, Entwerfen von Plakaten und Präsentationen ist gefragt, mehr Verstehen und Beurteilen, mehr Kreativität und Problemlösen, mehr Teamkooperation, Kommunikation und Selbsteinschätzung. Viele LehrerInnen sehen ihre Arbeit nicht mehr nur als WissensvermittlerInnen, sondern als Coaches für individuelle Lernprozesse.
- „Autonome Schulentwicklung" heißt, dass *die einzelnen Schulen* immer mehr Verantwortung selbst übernehmen: Definition von Zielen, Entwicklungsschwerpunkten und Evaluationsmaßnahmen sowie finanzielle, personelle und pädagogische Entscheidungen, beispielsweise besondere Fächerangebote mit Rücksicht auf die Bedürfnisse ihrer SchülerInnenklientel (Bilingualunterricht, Notebook-Klassen, „Soziales Lernen", neue Oberstufenmodelle mit mehr Wahlkursen usw.).
- „Qualitätsmanagement auf der *Ebene des Gesamtsystems*" ist die Herausforderung, die Unterrichts- und Schulinitiativen miteinander und mit der Forschung zu vernetzen, durch gemeinsame Impulse zu unterstützen und an gemeinsamen Standards zu orientieren.

Auf allen drei Ebenen gibt es einen Paradigmenwechsel. Die Schulen beteiligen sich zunehmend an aktuellen gesellschaftlichen Entwicklungen und lassen sich laufend auf unterrichtliche und schulorganisatorische Neuerungen ein. Auf die Bildungspolitik wächst der Druck von unten, Strukturen zu schaffen, welche die vielen lokalen, regionalen und systemübergreifenden Initiativen verknüpfen und fördern. Im Gegensatz dazu hat in den letzten Jahren eine Reihe von Maßnahmen, die weniger von weitsichtiger Bildungsplanung als von kurzfristigen

Budgetzwängen geleitet waren, die Innovationsbereitschaft an den Schulen gedämpft. Ungeachtet massiver Proteste wurden die Teilungszahlen für den Sprachgruppenunterricht erhöht, das Wahlpflichtfächerangebot wurde reduziert sowie die Unterrichtsentlastung für die Betreuung der Gerätesammlungen und für die Klassenvorstandsagenden abgeschafft. Der überstürzte „Entlastungserlass" vom Frühjahr 2003, der Unterrichtskürzungen um ca. zwei Wochenstunden pro Jahrgang vorsieht, bringt besonders Schulen mit autonomen Lehrplänen in Schwierigkeiten. Gerade die aktivsten LehrerInnen reagieren darauf mit Verbitterung und Resignation, weil ihre bisherige Überzeugungsarbeit bei Eltern und KollegInnen für Stundenumschichtungen damit in Frage gestellt wird. Eine glaubwürdige Reformpolitik müsste die LehrerInnen aber aktiv einbeziehen und alles tun, um ihre Motivation, Reformfreude und Eigeninitiative zu stärken. Zu diesem Zweck schlägt die ebenfalls im Frühjahr 2003 vom Bildungsministerium eingesetzte „Zukunftskommission" (BMBWK 2003) Anreize für Weiterbildung und innerschulische Funktionsdifferenzierung sowie ein neues Jahresarbeitszeitmodell mit Aufwertung außerunterrichtlicher Tätigkeiten vor, wie es den veränderten Anforderungen angepasst wäre. Aufsehen erregte auch der Vorschlag, jeder Schule die Anstellung ihrer LehrerInnen gemäß ihrem autonomen Schulprofil zu überlassen. Dies kann dazu führen, dass Schulleitungen dieses Pouvoir autokratisch auslegen und umsetzen, sofern nicht eine Klausel die Mitbestimmung der LehrerInnen und der Eltern sicherstellt.

Auf der Suche nach einer neuen Steuerungsstrategie: Output- bzw. Outcome-Orientierung*, Standards, Qualitätsevaluation, Partizipation

Bisher erfolgte die Steuerung des Systems über den Input, d.h. über Lehrpläne und Lernangebote, LehrerInnenbildung und Postenvergabe, räumliche und materielle Ausstattung sowie die Zuteilung von Geldmitteln. Dahinter steckt die Erwartung, dass höhere Investitionen in das System sich in Form besserer Ergebnisse bezahlt machen: bei den Lernleistungen und den beruflichen Qualifikationen, bei der Motivation und dem Abbau von Bildungsbarrieren sowie bei der Zufriedenheit aller Beteiligten. Internationale Vergleichsstudien wie PISA zeigen aber, dass Länder wie Finnland, Irland oder Korea, deren Ausgaben pro SchülerIn im unteren Mittelfeld liegen, hervorragende Testergebnisse verzeichnen, während die Ergebnisse in Österreich, den USA oder der Schweiz trotz relativ hoher Ausgaben nur mittelmäßig sind. Die „Bildungspolitische Analyse"

---

* Die „Output"-Steuerung orientiert sich an einer einheitlichen, quantitativen Erfassung der Leistungen (z.B. Anzahl der Schulabschlüsse), während „Outcome" differenziertere Qualitätskriterien (z.B. werden die Ergebnisse von Schulstandorten in unterschiedlichen sozialen Milieus unterschiedlich bewertet) und eventuell auch die Wirkung (z.B. Karrieren von Schulabgängern) einbezieht. Bei der Outcome-Steuerung werden die Messkriterien von den dezentralen Einheiten entwickelt.

der OECD 2002 kommt daher zu dem Schluss, dass „Investitionen zwar notwendig sind, um einen guten Unterricht anbieten zu können, dass aber Investitionen allein noch kein besseres Ergebnis garantieren" (OECD 2002). Entscheidend ist die Qualität der Lehr- und Lernprozesse. Jedenfalls kann nur eine Analyse von Prozess und Output Rückschlüsse über Stärken und Schwächen des Systems liefern. Dazu bedarf es einer Messung der Unterrichtsergebnisse anhand von Benchmarks (Vergleichswerten) oder Standards (Normwerten), einem „Bündel von relativ anspruchsvollen Kompetenzen für die Bewältigung von Anforderungen in Alltag, Beruf und Gesellschaft, offen und anschlussfähig für lebenslanges Lernen". Die deutsche Expertise „Zur Entwicklung nationaler Bildungsstandards" (Klieme u.a. 2003) empfiehlt, nach Alter oder Entwicklungsstand fachspezifische Kompetenzstufen und -profile festzulegen. Standards sind eine Voraussetzung für regelmäßige Überprüfungen, um einen Vergleich zwischen SchülerInnen, Schulklassen und ganzen Schulen zuzulassen und so zu einer Anpassung von Lernchancen und Lernergebnissen beizutragen. Neue Aufgabenstellungen, die das Können und nicht das Wissen testen, sind dafür zu verwenden (vgl. PISA-Fragen: OECD 2001; siehe auch Haider/Lang 2001). Standards sind weder als Hürde für einzelne SchülerInnen noch für LehrerInnen und ihre Schulklassen gedacht, sondern als Diagnoseinstrumente für das Schulsystem. Ihr Sinn ist nicht die Selektion der SchülerInnen, sondern das Sichtbarmachen von Erfolgen für möglichst viele SchülerInnen. Anhand externer Vergleichstests können LehrerInnen und Schulen den Erfolg ihrer Arbeit bewerten und laufend verbessern. Richtig verstanden erweitern sie Freiräume für LehrerInnen und autonome Schulen, wenn sie zur fairen Verteilung von Fördermaßnahmen bei besonderen Begabungen oder bei Lernschwächen herangezogen werden (Klieme u.a. 2003). Dieser Logik folgt auch das Reformkonzept der „Zukunftskommission" mit dem Vorschlag, Standards einzuführen und mit Tests zu überprüfen.

Prinzipiell steht die Bildungspolitik vor der Entscheidung, eine von drei gegensätzlichen Strategien zu forcieren:

- Entweder man stellt von Input-Steuerung auf Output-Steuerung um: Die Schulen werden einer Fremdevaluation nach einheitlichen Kriterien und mit standardisierten Testfragebögen unterzogen. Das gewährleistet einerseits eine „objektive" Messung der Schulqualität. Die in einem Schulranking veröffentlichten Ergebnisse dienen den Eltern zur Orientierung und dem Schulsystem als Grundlage für Mittelzuweisungen. Andererseits kann Fremdevaluation die Selbstreflexion und Innovationslust an den einzelnen Schulen behindern, weil viel Energie dafür verwendet würde, bei den Prüfungen einen guten Eindruck zu machen, zu mogeln und entsprechende Fassaden aufzubauen (Strittmayer 1997). So führte der Druck auf die US-amerikanischen Schulen, im Rahmen des „No Child Left Behind"-Programms (http://www.nclb.com) ihre Testergebnisse und Dropout-Raten zu verbessern, zu absurden Datenmanipulationen und schließlich zum „Wunder von Houston" mit bis zu 99%igen Erfolgsraten bei den Mathematiktests im Independent School District. *Washington Post* (8 Nov 2003, pA01) und *New York Times* (3 Dec 03, p1) deckten auf, dass dies u.a. dadurch gelang, dass man schwächere SchülerInnen die 9. Schulstufe oft mehrmals wiederholen ließ; die 10. Schulstufe, in der geprüft wird, übersprangen sie dann. Sehr kritisch beurteilt Hartmut von Hentig auch die nationalen Prüfungen in Schweden für alle SchülerInnen der 9. Schulstufe in Schwedisch, Englisch und Mathematik: „Die Folge ist, dass sich Schweden auf eine Drei-Fächer-Schule zu bewegt. Geschichte und Geschichten, die Künste und die Religion, Politik und sogar 'Science' werden zu Begleiterscheinungen im Ganztags-Schulbetrieb" (Hentig 2003). Was im Unterricht praktiziert wird, ist dann oft „teaching to the test", also Training bestimmter Fertigkeiten, auf die es beim Abprüfen ankommt, anstelle von kreativem Denken oder grundlegendem Verständnis.

- Oder die Politik schwenkt auf einen neoliberalen Kurs ein und überlässt die Schulen den Kräften des freien Marktes, zieht sich weitgehend zurück, fördert Privatisierungen und vermindert die Kontrolle durch die öffentliche Hand. In anderen Dienstleistungssektoren, die in Österreich bisher als „Public Goods" galten und unter direkter staatlicher Verwaltung oder im Staatsbesitz standen, geschah das bereits – bei Post und Telekommunikation, Banken, Stromversorgung, Schienenverkehr und jüngst sogar in sozialen Einrichtungen wie Arbeitsvermittlung oder Flüchtlingsbetreuung. Argumentiert wird wirtschaftlich: Bürokratische Hindernisse sollen abgebaut, Kosten sollen gesenkt und die Effizienz soll gesteigert werden. Konsequenz dieser neoliberalen Umorientierung ist die Unterzeichnung der GATS-Verträge zur Beseitigung von Wettbewerbsschranken in allen Dienstleistungsbereichen, also auch im Bildungswesen, sodass private Anbieter den öffentlichen Einrichtungen gleichgestellt werden. In- und ausländische Privatschulen können dadurch ebenso Zugang zu Fördermitteln beanspruchen wie öffentliche Schulen. Was dadurch erreicht werden soll, ist ein Ansporn für alle konkurrierenden Institutionen, ob öffentlich oder privat, die Qualität ihrer Angebote immer weiter zu verbessern und auf die Bedürfnisse ihrer Klientel abzustimmen. Allerdings führte in Großbritannien die Forcierung von Marktmechanismen im Schulsektor schon ab den 1980er Jahren zu einer zunehmenden Vertiefung sozialer Ungleichheit. Stephen Ball führt das darauf zurück, dass verschiedene Gruppen die wachsenden Unterschiede bei den Angeboten nicht gleich gut zu nutzen verstünden (Ball 2002).
- Oder ein Monitoring garantiert das Funktionieren des Gesamtsystems, indem es die Erfüllung des Bildungsauftrags der einzelnen Schulen überprüft und im Bedarfsfall Beratung und Unterstützung anbietet. Die extern erhobenen Daten werden wirklich nur für Selbstevaluationen verwendet. Das böte den Schulen (wie beispielsweise in den Niederlanden) die Chance, schulspezifische Qualitätskriterien für die Rechenschaftslegung festzulegen; die Schulgemeinschaft hätte mehr Selbstverantwortung, Lernangebote könn-

ten besser an die lokalen Bedingungen und SchülerInnenbedürfnisse angepasst werden (Outcome-Steuerung). Nachteile sind eingeschränkte Vergleichbarkeit, die Gefahr des Auseinanderdriftens der Schulen und neue Professionalitätsanforderungen an die beteiligten LehrerInnen. Die Rolle der staatlichen Kontrolle würde sich auf Monitoring und Metaevaluation (d.h. Bewertung der Selbstevaluation inklusive Beratung) beschränken. Sie muss auf die Einhaltung der Standards bestehen, den Schulen aber die Freiheit lassen, die Standards mit ihren eigenen Mitteln zu erreichen (Liket 1995).

Bei der Einführung eines österreichischen Qualitätsmanagementsystems kann man sich von Erfahrungen anderer Länder und des IMST²-Projekts leiten lassen. Vieles spricht dafür, Evaluationen inklusive Tests zwar zentral durchzuführen und auszuwerten, die Ergebnisse aber ausschließlich den Schulen für ihre verpflichtende Rechenschaftslegung zu überlassen. Das erhöht auch die Chance, dass das Qualitätsmanagement als Unterstützung für autonome Entwicklung erlebt wird und an den Einzelschulen wirklich zu Verbesserungen führt (Krainer 2001). Eine solche „minimalinvasive" Systemsteuerung stärkt die Schulen als aktive Gestalter ihrer Weiterentwicklung. Sie verpflichten sich, einheitliche Standards zu erreichen; wie sie das tun, bleibt ihnen überlassen. Auf diese Weise werden die Schwächen jener Schulsysteme vermieden, in denen zentrale Tests für die beteiligten Schulen große Auswirkungen haben.

Aber kann und will sich die österreichische Regierung auf einen solchen umsichtigen, langfristig wirksamen Reformkurs einlassen? Derzeit schlingert sie zwischen temporären Top-down-Maßnahmen gegen den Widerstand der Lehrerschaft und systematischen Ansätzen zur Nutzung schulpraktischer Erfahrungen und wissenschaftlicher Erkenntnisse. Michael Fullan, der Mentor des vielfach ausgezeichneten Reformprojekts des Durham School Board im kanadischen Ontario, meint, dass Top-down-Interventionen durch Anweisungen „von oben" die Schulwirklichkeit nicht verändern können, weil sie die spezifischen Bedürfnisse und Voraussetzungen vor Ort nicht ausreichend berücksichtigen. „Egal, wie edel, ausgetüftelt oder aufgeklärt Veränderungsvorschläge sein mögen, sie verlaufen im Sand, wenn die LehrerInnen sie nicht in ihre Klassenzimmer übernehmen und in effektive Unterrichtspraxis umsetzen" (Fullan 1993; Fullan 1999). Umgekehrt seien auch Bottom-up-Entwicklungen an einzelnen Standorten wirkungslos, weil sie ohne Vernetzung mit anderen autonomen Schulen verpuffen. „Verknüpfungen mit einem weiteren Umfeld sind entscheidend für den Erfolg. Die besten Organisationen lernen sowohl extern als auch intern." Nur ein subtiles Zusammenspiel, eine gegenseitige Ergänzung von bottom-up und top-down, kann vorhandene Strukturen verändern. „Veränderung ist eine zu wichtige Sache, um sie den Experten zu überlassen", meint Fullan, für den die LehrerInnen die wesentlichen AkteurInnen, die „change agents" sind. Von ihrem Können und Wollen, von ihrer Berufseinstellung und ihrer Professionalität hängt alles ab. Sie müssen in der Lage sein, sich auf veränderte Anforderungen einzustellen und innovative Lösungen zu entwickeln, unter Berücksichtigung der spezifischen Schulsituation und lokaler Umfeldfaktoren wie sozialer Background und Berufsperspektiven der SchülerInnen oder mögliche Kooperationspartnerschaften mit Firmen und Institutionen (Fullan/Hargreaves 1998).

IMST^2:
Innovations in Mathematics, Science and Technology Teaching

In Österreich waren die schlechten österreichischen TIMSS-Ergebnisse und die Empfehlungen des Analyseprojekts IMST 1999-2000 Anlass für ein 4-jähriges Folgeprojekt IMST^2 2000-04 mit dem Ziel, die Qualität des mathematischen und naturwissenschaftlichen Unterrichts für die 15- bis 18/19-Jährigen (AHS-Oberstufen und BHS) weiterzuentwickeln. Der Auftrag des Bildungsministeriums ging an die iff – wegen der langjährigen Erfahrungen mit praxisnaher Forschung, wegen der projektbezogenen Vorarbeiten und wegen des bereits bestehenden Kooperationsnetzwerks von namhaften VertreterInnen aus Wissenschaft, Schulpraxis und Behörde.
Kernstück von IMST^2 ist die Initiierung und Dokumentation von jährlich mindestens 60 innovativen Schulvorhaben, also Beispielen „guter Praxis", die wissenschaftlich begleitet und analysiert werden (IMST- und IMST^2-Berichte und -Analysen 2000 ff.), sowie die Entwicklung:

- eines Konzepts für mathematische und naturwissenschaftliche Grundbildung, das die vier Fächer Biologie, Chemie, Mathematik und Physik verbindet;
- von Modellen für Organisationsentwicklungsprozesse an Schulen mit mathematisch-naturwissenschaftlichem Schwerpunkt;
- von Tiefeneinblicken in exemplarische Lehr-Lern-Prozesse;
- von Rahmenbedingungen für Praxisforschung von LehrerInnen.

Gleichzeitig soll IMST^2 Erkenntnisse über die Effektivität unterschiedlicher Interventionen in das Bildungssystem liefern. Wichtigstes Produkt ist ein konkreter Plan für ein nachhaltiges Unterstützungssystem für Schulen, das auch nach 2004 mathematisch-naturwissenschaftliche Unterrichts- und Schulentwicklung vorantreibt und die Erfahrungen des IMST^2-Projekts weiterführt.
An Ressourcen steht IMST^2 zusätzlich zur iff-Infrastruktur und drei Institutsangehörigen ein Budget von etwa 2 Mio. Euro für die Laufzeit 2000-2004 zur Verfügung. Mit mehr als 30 MitarbeiterInnen ist es das größte bildungswissenschaftliche Entwicklungsprojekt, das es je in Österreich gegeben hat. Trotz der gleichzeitig forcierten harten Sparpolitik der Regierung steigt die Zahl der Kooperationspartnerschaften ständig: von 34 im ersten auf 44 im zweiten Jahr. 2002/03 waren es bereits 58 Institutionen, in denen 80 Teams innovative Vorhaben durchführten, ein Drittel mehr als ursprünglich geplant. Zählt man auch die weniger intensiv mitarbeitenden Partnerschulen mit, wird etwa ein Fünftel aller Höheren Schulen einbezogen. Bemerkenswert ist, dass in und um IMST^2 nach zwei Jahren eine solche Dynamik entstanden ist, dass das Ministerium noch

zwei Folgeprojekte an IMST²-Teammitglieder in Auftrag gegeben hat: In der „Naturwissenschaftswerkstatt" (NWW, 2002-2006) dokumentieren 20 weitere LehrerInnen qualitätsvolle Unterrichtsentwicklung und beteiligen sich an der Organisation großer didaktischer Tagungen (2002 in Wien, 2003 in Salzburg ...) und an der Internetplattform http://www.physicsnet.at/nww. Im nachträglich eingerichteten Subprojekt „Gender Sensibility & Gender Mainstreaming" (GS/GM 2002-2004) werden Schulteams unterstützt, die sich im mathematischen und naturwissenschaftlichen Unterricht um bestmögliche Förderung von Mädchen und Burschen bemühen und zur Chancengerechtigkeit inner- und außerhalb der Schule beitragen wollen. Außerdem koordiniert GS/GM die gemeinsame Reflexion von Gender-Aspekten in allen IMST²-Schwerpunktprogrammen.

Projektarchitektur und Vernetzungsstruktur von IMST²

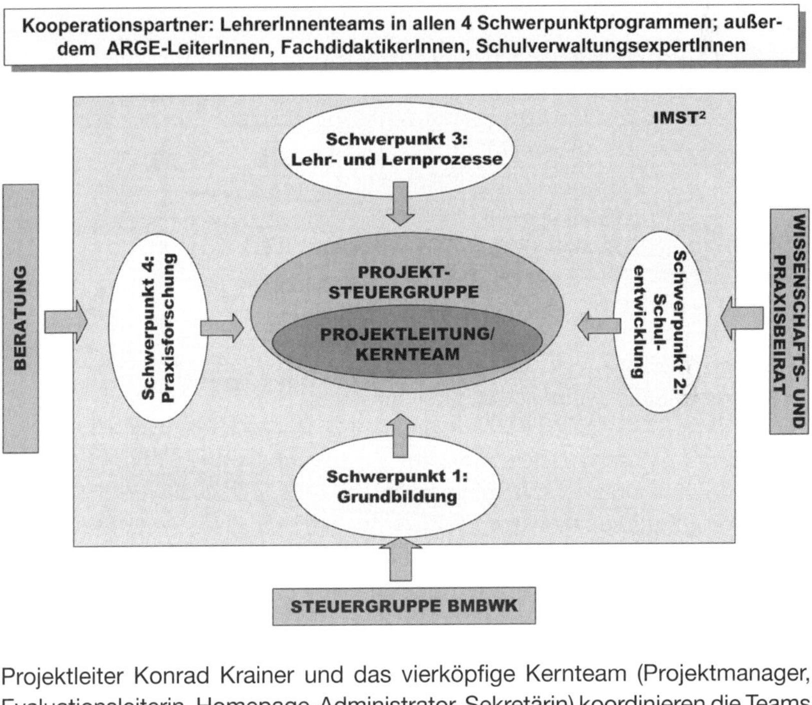

Projektleiter Konrad Krainer und das vierköpfige Kernteam (Projektmanager, Evaluationsleiterin, Homepage-Administrator, Sekretärin) koordinieren die Teams der vier Schwerpunktprogramme S1-S4 (s.u.). Jedes der 3- bis 12-köpfigen Teams arbeitet mit eigener wissenschaftlicher Leitung weitgehend unabhängig, betreut jeweils 12-16 Schulteams und entsendet je eine/n VertreterIn in die Projektsteuergruppe.

Wichtige Kooperationspartner sind die ministerielle Steuergruppe (leitende Beamte des BMBWK) und der Beirat aus in- und ausländischen WissenschaftlerInnen, SchulexpertInnen und WirtschaftsvertreterInnen. Es finden auch regelmäßige Beratungstreffen mit Gruppen universitärer FachdidaktikerInnen und ARGE-LeiterInnen der einzelnen Fächer sowie mit SchulleiterInnen, Landesschulräten und MitarbeiterInnen der Pädagogischen Institute aller Bundesländer statt. Hauptakteure sind aber die mehr als 200 LehrerInnen und LehrerbildnerInnen in den Schulteams, die innovative Vorhaben entwickeln und für ihre IMST²-Partnerschaft ein Schwerpunktprogramm und eine von vier Intensitätsstufen der Kooperation wählen. Für die Abfassung einer Dokumentation erhalten sie jeweils ein Honorar von 1.000 Euro, sodass ein Teil der Projektgelder (auch über die Finanzierung der Workshops) den Schulen zugute kommt. Voraussetzung ist die aktive Beteiligung der Schulleitung, die die schriftliche Projektvereinbarung mitunterzeichnet.

Vier Interventionsansätze zur Qualitätsentwicklung

Den vier IMST²-Schwerpunktprogrammen S1 bis S4 liegen vier verschiedene Interventionsmodelle zugrunde. Sie teilen aber drei zentrale Gemeinsamkeiten (Krainer 2002):

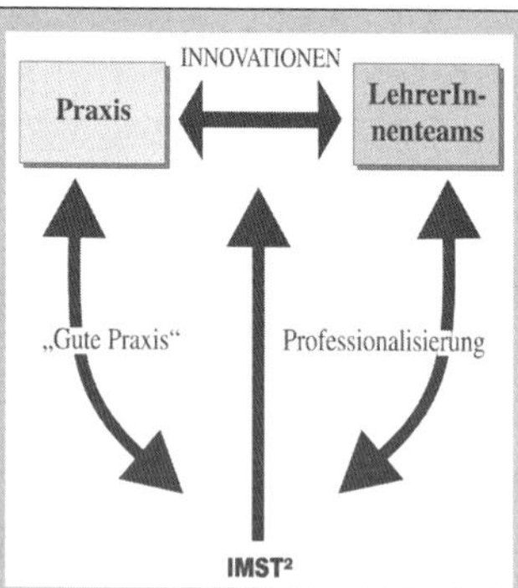

- IMST² geht von vorhandenen Stärken und bisherigen Erfolgen aus und analysiert innovative Ansätze und deren Auswirkungen im Klassenzimmer und auf Schulebene.
- IMST² wendet sich vornehmlich an LehrerInnenteams. Dahinter steckt die Annahme, dass Aktivitäten erst dann auf der Schulebene wirksam werden, wenn die Kooperation gut funktioniert und die Größe einer LehrerInnengruppe eine bestimmte „kritische Masse" erreicht.
- IMST² unterstützt und berät LehrerInnenteams (v.a. durch Theorieworkshops, Methodentrainings, Teamvernetzung) bei deren eigenständiger Arbeit zur Unterrichts- und Schulentwicklung.

- S1 „Grundbildung" setzt sich mit zentralen mathematischen und naturwissenschaftlichen Inhalten und Konzepten sowie mit der Frage auseinander, wie man konstruktives Lernen fördern kann. Bildung wird dabei als dynamischer Prozess verstanden (Anton u.a. 2002). Was zur Bildung gehört und was nicht, müssen nach Roland Fischer die Beteiligten stets aufs Neue aushandeln und begründen (Fischer 2001). Bildung ermöglicht die Kommunikation mit ExpertInnen, die Bewertung und Berücksichtigung von deren Aussagen bei Entscheidungen sowie die eigenverantwortliche Problemerkennung und -bearbeitung. Ziel ist dabei, sich in der Welt zu orientieren, die Naturwissenschaften als Teil der Kultur zu begreifen, Einblick in naturwissenschaftliche Arbeits- und Denkweisen zu gewinnen, über wissenschaftlich-technische Berufsbilder Bescheid zu wissen und sich an demokratischen Entscheidungen über technische Entwicklungen zu beteiligen. Zu begründen ist auch, wie die Lernmethoden auf die Inhalte abgestimmt werden. Sie knüpfen an Vorwissen und Interessen an, behandeln reale Probleme und Anwendungen in verschiedenen Kontexten, beziehen das soziale Umfeld ein, ermöglichen authentische und eigenständige Lernerfahrungen und stützen sich auf instruktionale Unterstützung. Nach intensiven fachdidaktischen Diskussionen über ihr Vorhaben dokumentieren die LehrerInnenteams anhand konkreter Unterrichtsbeispiele, welche Inhalte und Methoden sie gewählt haben, warum und wie SchülerInnen lernen und über ihre Bildung reflektieren. Diese Berichte werden dann nach fachdidaktischen Gesichtspunkten analysiert.

- S2 „Schulentwicklung" kooperiert mit Schulen, die sich einen mathematisch-naturwissenschaftlichen Schwerpunkt geben und damit für SchülerInnen und Eltern attraktiv sein wollen. Die LehrerInnenteams formulieren ihre Grundsätze für ein Schulprofil oder gehen noch ein Stück weiter und entwerfen ein Schulprogramm mit einem Entwicklungskonzept für die nächsten Jahre samt Evaluationsplan. Eventuell beteiligen sie sich am Aufbau regionaler Netzwerke von Schulen und Weiterbildungsinstitutionen mit ähnlichen Zielvorstellungen. Auf jeden Fall brauchen sie den Auftrag durch die Schulleitung und das Einverständnis der LehrerInnenkonferenz. Die Zusammenarbeit mit LehrerInnenteams, die solche Organisationsentwicklungsprozesse zu steuern versuchen, ist eine besonders starke und heikle Intervention in das Schulgeschehen. Dabei haben sich eine transparente Informationspolitik und die Einbindung der Schulkonferenz in alle Planungsschritte strategisch bewährt. Es gibt eine beeindruckend große Zahl solcher Beispiele selbst organisierter Schulentwicklung. Flächendeckende Einsparungsmaßnahmen treffen sie besonders hart und gefährden ihre erfolgreiche Fortführung.
- In S3 „Lehr-/Lernprozesse" geht es um Interaktionen in Schulklassen. Die kooperierenden LehrerInnen diskutieren in Workshops gängige Muster des LehrerInnenverhaltens. Sie analysieren ihren eigenen Unterricht unter anderem anhand von Videoaufnahmen und erproben mit ihren SchülerInnen neue Lernmethoden. Hier werden also im Kerngeschäft des/der individuellen Lehrenden „Tiefenbohrungen" durchgeführt und die einschneidendsten Änderungen ausgelöst, wobei sich auf die Schule insgesamt eher indirekte Auswirkungen ergeben. Es sind aber auch Fallbeispiele dokumentiert, in denen es einzelnen LehrerInnen gelingt, für ihre Unterrichtsprojekte an der ganzen Schule starke Resonanz zu erzeugen, etwa durch einen naturwissenschaftlichen Wettbewerb für alle SchülerInnen oder durch die Anregung von Reflexionstreffen einer FachlehrerInnengruppe.
- S4 „Praxisnahe Forschung" betreut Teams von Schulen und Universitäten, die ihre eigene Lehrpraxis wissenschaftlich untersuchen. Jedes Vorhaben

wird als Forschungsprojekt entworfen, durchgeführt und ausgewertet. Ein Teil davon ist die Ressourcenplanung: Ausgaben für Geräteanschaffungen oder Kosten für externe Erhebungen sind von Anfang an in einem Projektantrag einzukalkulieren. Beratung gibt es vor allem in methodischen Fragen. Die Erfahrungen, die LehrerInnen bei der Planung, Durchführung und Auswertung eines eigenen Forschungsprojekts machen, wirken sich vielfältig auf die Qualität des Lehrens und Lernens aus. So hebt die systematische Einbeziehung der SchülerInnen das Reflexionsniveau im Klassenzimmer. Sie liefert aber auch Material für weitere didaktische Forschungen.

Drei gemeinsame Untersuchungen über die nachhaltige Wirksamkeit der Interventionen auf das Schulsystem verbinden die Schwerpunktprogramme:

a) die quantitative Evaluation (Fragebögen an kooperierende LehrerInnenteams, Schulleitungen und andere relevante Personen im Projektumfeld),
b) Studien zur Professionalitätsentwicklung (Analysen von Lernprozessen in LehrerInnenteams),
c) Untersuchungen zur Kompetenzentwicklung von SchülerInnen (beim Argumentieren, Begründen und Reflektieren; anhand von Einzelinterviews).

Alle IMST²-Interventionen fördern innovative Ansätze systematisch durch die Einbeziehung in Forschungs- und Entwicklungsaktivitäten. Für viele LehrerInnen ist es etwas Neues, sich in einem Netzwerk zu bewegen, das ihnen zuarbeitet, wo sie angehört werden und auch qualifizierte Rückmeldungen bekommen. Unsere bisherigen Erfahrungen und deren Evaluation zeigen, dass das ihre Kreativität im Klassenzimmer enorm beflügelt und zur Entwicklung ihrer Professionalität sowie der Schulkultur maßgeblich beiträgt. Wesentlich dabei ist, nicht an der Beseitigung von Defiziten, sondern am Ausbauen von Stärken anzusetzen (Krainer 2002).

Zwei Praxisbeispiele

1. Astronomieprojekt am Grazer Realgymnasium Keplerstraße (Gerhard Rath)*

Während der Science Week im Mai 2001 organisierten die 16-jährigen SchülerInnen einer Grazer Gymnasialklasse für die interessierte Öffentlichkeit und für MitschülerInnen der Unterstufenklassen astronomische Führungen auf dem Schuldachobservatorium. Um das computergesteuerte Teleskop sowie eine Diaserie über das Sonnensystem und die Milchstraße herzeigen und erklären zu können, beschäftigten sie sich intensiv mit Astronomie. Bei der Vorbereitung überlegten sie, was sie über Astronomie schon wussten und worüber sie sich noch informieren mussten, um eine Einführung für LaiInnen zu gestalten. SchülerInnengruppen arbeiteten Teile der gemeinsamen Präsentation aus und hol-

* Siehe IMST- und IMST²-Berichte und -Analysen 2000 ff.

ten sich die nötigen Informationen von den LehrerInnen, aus Büchern und aus dem Internet, auch außerhalb der regulären Schulzeit. So entstanden ein eigenes Skriptum und eine Diashow. Eine Gruppe übernahm es, die BesucherInnen im Anschluss an die Führung nach ihren Eindrücken und nach Verbesserungsvorschlägen zu befragen. Bei der Schlussreflexion hielten die SchülerInnen für sich selbst fest, was sie bei dem Projekt dazugelernt hatten. Als Gründe für ihre starke Motivation gaben die SchülerInnen später in Interviews die echte Herausforderung durch eine anspruchsvolle Aufgabe und die Freiheit an, sie mit eigenen Ideen zu lösen.
Beispiele guter Praxis wie dieses belegen die Hypothese, dass authentische Lernerfahrungen und die Möglichkeit, persönlichen Interessen nachzugehen, bei den meisten SchülerInnen mehr Freude am Lernen wecken sowie Vorbehalte gegen Mathematik und Naturwissenschaften abbauen. Der Interventionsansatz des Schwerpunktprogramms S1 besteht darin, sowohl im LehrerInnenteam als auch mit den SchülerInnen darüber zu reflektieren, welches Wissen und Können zur Grundbildung gehört und was verzichtbar ist. Das hat in diesem Fall nicht nur zu einer diskutablen Liste von astronomischen Basiskenntnissen geführt, sondern ebenso, wie die Evaluation zeigte, zu einer erstaunlichen Steigerung sowohl der Motivation als auch der Leistungen der SchülerInnen.

2. Weiterentwicklung des Laborunterrichts am Realgymnasium Leibnitz, Steiermark*

„Naturwissenschaftliches Labor“ (NWL) gibt es als 2-Stunden-Fach mit schulautonomem Lehrplan seit 1995 in den 4., 6., 7. und 8. Klassen. Ursprünglich von einem fünfköpfigen LehrerInnenteam erprobt, wird NWL derzeit in zwölf Klassen von 13 NWL-LehrerInnen unterrichtet. Dafür wird je eine Wochenstunde von zwei naturwissenschaftlichen Fächern verwendet. Die SchülerInnen können selbstständig experimentieren und auch lernen, wie man naturwissenschaftlich arbeitet und wie man vernetzt denkt. Jedes Zweierteam von NWL-LehrerInnen bewertet die SchülerInnenleistungen (Versuchsprotokolle, Ausarbeitungen von Fragekatalogen und Rechercheaufgaben u.a.) gemeinsam nach einem transparenten Punktesystem. Die zusätzlichen Ressourcen für die Klassenteilungen verschafft sich die Schule dadurch, dass sie die Angebote an Wahlpflichtfächern kürzt. Jedes Jahr organisiert die Schule Weiterbildungsveranstaltungen für LehrerInnenteams aus ganz Österreich, die fächerübergreifende Lerneinheiten kennen lernen und Laborunterricht auch an ihren Schulen einrichten wollen. Die Kooperation mit dem IMST²-Projekt ermöglicht dem LehrerInnenteam erstens den Erfahrungsaustausch mit anderen NWL-Schulen und zweitens einen vertiefenden Ausbau einiger Aspekte ihrer schulorganisatorischen Innovation. So evaluierte das LehrerInnenteam erstmals die SchülerIn-

* Siehe IMST- und IMST²-Berichte und -Analysen 2000 ff.

neneinstellungen zum neuen Fach mit Feedbackbögen und kam auf die Idee, „Englisch als Arbeitssprache“ einzuführen sowie englischsprachige Versuchsanleitungen und Erläuterungen zu verwenden. Wesentlichstes IMST^2-Ergebnis war aber die Arbeit an einem Schulprogramm, das die Schulleitung und die KollegInnen aller Fächer in die Weiterentwicklung des naturwissenschaftlichen Schwerpunkts einbezog.
Die Evaluation der Schulkooperationen zeigt, dass die Schulteams ziemlich genau wissen, was sie wollen, und dass sie nicht auf Vorschläge von IMST^2-MitarbeiterInnen warten, sondern auf didaktische Argumente und methodische Tipps zur Fundierung ihrer Ansätze.

Resümee: Umrisse eines Unterstützungssystems für Schulen

Aus der Analyse der vielschichtigen IMST^2-Erfahrungen kristallisiert sich in Übereinstimmung mit der aktuellen BMBWK-Expertise (BMBWK 2003) und dem internationalen bildungswissenschaftlichen Diskurs (Klieme u.a. 2003) ein neues Steuerungskonzept für das Schulsystem heraus. Was die Schulen brauchen, um ihre Autonomie realisieren zu können und ihre Entscheidungsspielräume zu gestalten, sind erstens Standards, mit denen sie ihre Ergebnisse vergleichen können, und ist zweitens professionelle Beratung für ihre Qualitätsentwicklung. Darüber hinaus muss die Vernetzung gefördert werden, um erfolgreiche Ansätze auf lokaler, regionaler und nationaler Ebene zu verbinden und weiterzutreiben. Zu diesem Zweck sind die vorhandenen Strukturen des Managements auf allen drei Schulsystemebenen auszubauen. Folgende konkreten Vorschläge sind im IMST^2-Netzwerk entwickelt worden und haben Zustimmung gewonnen:

- Auf der Schulebene müssten FachkoordinatorInnen, von den jeweiligen Fachgruppen gewählt und von der Schulleitung bestätigt, für eine Einigung der KollegInnen über die fachlichen Lernziele, über neue Unterrichtsinhalte und -methoden, über Standards und deren Überprüfung, über fachbezogene Aspekte des schulautonomen Lehrplans usw. sorgen. Sie müssten sich natürlich auch mit den KoordinatorInnen der anderen Fächer abstimmen, etwa in einer Steuerungsgruppe.
- Auf der regionalen Ebene müssten die bestehenden Arbeitsgemeinschaften aufgewertet werden. Deren LeiterInnen organisieren die regelmäßigen verbindlichen Treffen der FachkoordinatorInnen, arbeiten eng mit den Weiterbildungszentren der Bundesländer, den zukünftigen Pädagogischen Hochschulen, zusammen und sind für die Verbreitung neuer fachdidaktischer Forschungsergebnisse sowie für die Vernetzung der Entwicklungsprojekte an den Schulen verantwortlich.
- Auf Bundesebene liegt es nahe, die Unterstützung von Schulen durch einen Innovationsfonds sowie durch die Einrichtung eines Kompetenzzentrums für interdisziplinäre Unterrichts- und Schulentwicklung sowie von Kompetenzzentren zur Biologie-, Chemie-, Mathematik- und Physikdidaktik mit akademi-

schen Studiengängen weiterzuführen. Zu den Aufgaben dieser – eng miteinander kooperierenden – Zentren würde die Konzipierung von Forschungsprogrammen für Unterrichts- und Schulentwicklung sowie von Ausbildungsgängen für die FunktionsträgerInnen im Schulbereich und SchulinspektorInnen ebenso gehören wie systematische Förderung und Vernetzung guter Praxis.

Mit einer Laufzeit von vier Jahren ist IMST² zwar ein vergleichsweise langfristiges Projekt. Aber nachhaltige Veränderungen im Schulbereich brauchen Jahrzehnte. Die IMST²-Philosophie setzt auf langsame Veränderungen und den schrittweisen Aufbau der nötigen Strukturen. Eine evolutionäre Steuerungsstrategie mit sanften Interventionen hat einen nicht zu unterschätzenden Vorteil: Sie scheitert weniger leicht an Systemwiderständen.

An den Schulen sieht man Entwicklungsprojekte oft noch als belastende Zusatzaufgaben, die das Kerngeschäft des Unterrichts behindern. Allerdings erfordert der Schulbetrieb in wachsendem Maß innovative Lösungen und engagierte LehrerInnen mit kreativen Ideen. Für eine nachhaltige Selbsterneuerung der Schulen sind jedoch nicht nur Maßnahmen wie die Einführung von Bildungsstandards und Systemevaluation nötig. Entscheidend ist vielmehr, ob es gelingt, die Qualitätsentwicklung an den Schulen selbst zu fördern und die LehrerInnen dafür zu gewinnen. Damit Reformmaßnahmen nicht als kontraproduktiv und Veränderungen nicht als bedrohlich wahrgenommen werden, ist eine gründliche öffentliche Diskussion und eine Einbeziehung aller Beteiligten erforderlich.

Was die Schulen brauchen, ist eine Bündelung des vorhandenen praktischen und theoretischen Know-hows von „unten“ durch Vernetzungen und Forschungskooperationen, von „oben“ eine Unterstützung der Entwicklungsvorhaben durch die Finanzierung einer professionellen Beratung, durch Weiterverbreitung neuer Erkenntnisse und didaktischer Anregungen sowie durch ein wirksames Anreizsystem. Zukunftsweisende Unterrichtsvorhaben und Organisationsentwicklungsprozesse, die an den einzelnen Schulen und in den regionalen Netzwerken Anerkennung finden, sollten mit den nötigen Ressourcen ausgestattet werden. Die Vision ist ein Schulsystem, in dem sich alle AkteurInnen an der Weiterentwicklung beteiligen und laufend dazulernen. Nur LehrerInnen, die sich in ihrem Unterricht auf Neues einlassen, Schulen, die autonome Entscheidungen treffen, und Schulbehörden, die Freiräume zulassen, können auch von ihren SchülerInnen glaubhaft Selbstständigkeit und Eigenverantwortung erwarten.

Literatur

Anton, M./Kühnelt, H./Malle, M./Unterbruner, U./Krainer, K. (2002): Ansätze für eine mathematisch-naturwissenschaftliche Grundbildung in der Oberstufe. In: Krainer, K. u.a. (Hg.): Lernen im Aufbruch: Mathematik und Naturwissenschaften. StudienVerlag, Innsbruck, S. 63-70

Ball, Stephen (2002): Class Strategies and the Education Market. Taylor & Francis, London
BMBWK (Bundesministerium für Bildung, Wissenschaft und Kultur) (2003): Zukunft: Schule. Das Reformkonzept der Zukunftskommission. http://www.bmbwk.gv.at/, http://www.klassezukunft.at
Eder, F./Posch, P./Schratz, M./Specht, W./Thonhauser, J. (2002): Zielsetzungen, Bausteine und Struktur eines Gesamtsystems für Qualitätsentwicklung und Qualitätssicherung im Schulsystem. In: Eder, F. u.a. (Hg.): BMBWK-Bildungsforschung 17. StudienVerlag, Innsbruck
Fischer, Roland (2001): Höhere Allgemeinbildung. Manuskript. http://imst.uni-klu.ac.at/
Fullan, M. (1993): Change Forces. Probing the Depths of Educational Reform. Falmer, London
Fullan, M. (1999): Change Forces. The Sequel. Falmer, London
Fullan, M./Hargreaves, A. (1998): What's Worth Fighting For in Your School? Open University Press, Buckingham
Haider, G./Lang, B. (2001): PISA Plus 2000: Nationaler Bericht. StudienVerlag, Innsbruck. http://pisa.oecd.org, http://www.pisa-austria.at
Hentig, H. (2003): Die Schule neu denken. Beltz, Weinheim
IMST- und IMST²-Berichte und -Analysen (2000 ff.): http://imst.uni-klu.ac.at
Klieme, E. u.a. (2003): Zur Entwicklung nationaler Bildungsstandards. Eine Expertise. Deutsches Institut für Internationale Pädagogische Forschung (DIPF) und Bundesministerium für Bildung und Forschung (BMBF). http://www.bmbf.de/pub/zur_entwicklung_nationaler_bildungsstandards.pdf
Krainer, K. (2001): Die „Testwirklichkeit" nicht zur „Unterrichtswirklichkeit machen. In: *Journal für Schulentwicklung*, 2/2001, S. 33-45
Krainer, K. (2002): Ausgangspunkt und Grundidee von IMST². Reflexion und Vernetzung als Impulse zur Förderung von Innovationen. In: Krainer, K. u.a. (Hg.): Lernen im Aufbruch: Mathematik und Naturwissenschaften. StudienVerlag, Innsbruck, S. 21-58
Lange, H./Baumert, J. (2001): Wieso Weshalb Warum? Interview zu PISA. In: *Die Zeit*, Chancen 50/2001
Liket, T. (1995): Freiheit und Verantwortung. Bertelsmann, Bielefeld
Muckenfuß, H. (1995): Lernen im sinnstiftenden Kontext. Cornelsen, Berlin
OECD (2001): Lernen für das Leben. Erste Ergebnisse von PISA 2000. OECD, Paris
OECD (2002): Bildungspolitische Analyse 2002. OECD, Paris
Oelkers, J. (2003): Der Matthäus-Effekt. Braucht Deutschland eine Gesamtschule? In: *SZ*, 4. 6. 2003
Strittmayer, A. (1997): Mythen und Machbares in der Qualitätsevaluation. In: *Journal für Schulentwicklung*, 3/1997, S. 22-29

Klaus Scala

GATS und die Organisation des Öffentlichen – Beiträge der iff

Die iff-Abteilung „Organisationsentwicklung – Organizing Public Goods" veranstaltete in der Reihe „Das Öffentliche organisieren" vom 3.-4. 4. 2003 in Wien eine Tagung zum GATS (General Agreement on Trade in Services). Neben Informationen über das GATS wurde vor allem die Bedeutung des GATS für die Entwicklung der Public Goods in Österreich herausgearbeitet. Dazu dienten als Programmelemente zwei – in diesem Band wiedergegebene – Vorträge zur Thematik „Das Öffentliche auf der globalen Privatisierungsagenda" von Egon Matzner und „Die Reform des Öffentlichen in einer Gesellschaft von selbstständig agierenden Organisationen" von Ralph Grossmann, ein Experteninterview sowie vier parallele Workshops zu vier speziellen Dienstleistungssektoren: Bildung und Wissenschaft, Gesundheit, soziale Dienste und Wasserwirtschaft. Die Workshopergebnisse wurden im Plenum vorgestellt und diskutiert. Egon Matzner verstarb wenige Monate nach der Tagung plötzlich; sein Vortrag ist also einer seiner letzten öffentlichen Auftritte, den wir auch aus diesem Grund hier in voller Länge wiedergeben möchten.
Ergänzend zu anderen Veranstaltungen zum GATS, die angesichts der Aktualität einen gewissen Boom zu verzeichnen haben, waren neben Schlüsselpersonen aus der Politik, den Interessenvertretungen und von NGOs wie ATTAC, die politische Bewusstseinsbildung betreiben, Expertinnen und Experten aus den betroffenen Dienstleistungsorganisationen vertreten. Ihre Rolle und ihr Beitrag für die Entwicklung der Public Goods sind, wie noch zu zeigen sein wird, ebenso unverzichtbar wie in der bisherigen Diskussion zu wenig beachtet.
Im Beitrag von Klaus Scala „Markt, Demokratie, Organisation – die drei Themen des GATS" werden die Diskussionspunkte und Ergebnisse der Tagung, zusätzlich zu den beiden Vorträgen von Matzner und Grossmann, vorgestellt und entsprechende Schlussfolgerungen für die bevorstehenden Aufgaben gezogen. Dennoch handelt es sich hier nicht um eine Dokumentation der Tagung (vgl. dazu iff Homepage, http://www.iff.ac.at/oe/doeo), sondern um den Versuch, die zentralen Argumentationslinien zu bündeln und in einen Gesamtkontext zu stellen.

Aktuelles zum GATS

„Das GATS, in zwei Sätzen, ist ein Instrument, mit dem es Regierungen und Staaten ermöglicht wird, die Liberalisierung im Dienstleistungshandel zu verhandeln und das Niveau der Liberalisierung, das ein Land für sich gewählt hat, rechtlich verbindlich festzulegen. Das ist im Grunde genommen als internationaler Vertrag das Ziel des GATS. Im GATS festgelegt sind auch Verhandlungspunkte, die darauf zielen, langfristig den Welthandel den Dienstleistungen zu

öffnen. Das GATS dient so als Verhandlungsgrundlage für die weitere Liberalisierung" (Markus Jelitto, WTO).
Das GATS ist eine der drei Säulen der 1995 gegründeten Welthandelsorganisation (WTO). Ziel dieses Abkommens ist die weltweite Liberalisierung des internationalen Handels mit Dienstleistungen. Der kommerzielle Handel mit Dienstleistungen gilt als einer der dynamischsten Wachstumsbereiche der Weltwirtschaft. Dienstleistungen machen rund ein Fünftel des gesamten Welthandels aus, wobei drei Viertel der Dienstleistungsexporte auf Industrieländer entfallen und ein Viertel sich ungleich auf die Entwicklungsländer verteilt. Die beiden größten Exporteure sind die Europäische Union und die USA. Österreich befindet sich unter den Dienstleistungsexporteuren international an 12. Stelle, vor allem bedingt durch den Tourismus.
Bis 30. Juni 2002 gaben die WTO-Mitgliedsländer ihre Liberalisierungsforderungen an Drittländer bekannt; bis 31. März 2003 mussten die WTO-Mitgliedsländer ihre Liberalisierungsangebote bei der WTO deponieren. Die 5. WTO-Ministerkonferenz fand im September 2003 in Cancún/Mexiko statt. Damit war auch der Beginn der 'heißen Phase' der Verhandlungen geplant. Das Liberalisierungskonzept des GATS erlaubt es den Mitgliedern im Prinzip, ihren Markt nur in jenen Sektoren zu öffnen, in denen sie es für opportun halten.
Die Verpflichtungen zur Inländerbehandlung (Art. XVII) verlangen, dass Regierungen ausländische Dienstleistungserbringer in gleicher Weise behandeln müssen wie einheimische. Die Länder geben mit so genannten „Positiven Listen" explizit diejenigen Sektoren an, bei denen sie bereit sind, ihre Märkte gegenüber ausländischen Anbietern zu öffnen. Ist ein Land die Verpflichtung eingegangen, seinen Markt zu öffnen, kann es davon praktisch nicht mehr zurücktreten.
Bezüglich der Liberalisierung öffentlicher Dienste bestehen Unklarheiten, die auch Quelle kontroverser Positionen sind:
Dienstleistungen, die „in Ausübung hoheitlicher Gewalt erbracht" werden, sind laut GATS, Art. 1, Abs. 3 (b) von der Liberalisierung ausgenommen. Da nicht näher spezifiziert wird, welche Dienstleistungen unter „hoheitlich" fallen, bleibt unklar, ob öffentliche Dienste, die der Befriedigung grundlegender gesellschaftlicher Bedürfnisse dienen, durch handelsbezogene Maßnahmen geschützt werden dürfen. Dies wäre nur erlaubt – GATS Art. 1, Abs. 3 (c) –, wenn solche Dienste „weder zu kommerziellen Zwecken noch im Wettbewerb mit einem oder mehreren Dienstleistungserbringern erbracht werden". Alle Bereiche, die teilprivatisiert sind, in denen Privatisierung angestrebt wird oder in denen quasistaatliche oder private Anbieter öffentliche Aufgaben (z.B. im Wege bestimmter Gemeinwohlverpflichtungen) wahrnehmen, könnten außerhalb der Hoheitsklausel fallen. Es wird von der zukünftigen Interpretation abhängen, was unter dem GATS als hoheitliche Aufgabe gelten soll.
Das „Meistbegünstigungsprinzip" verlangt, dass Handelsvergünstigungen, die einem Land gewährt werden, automatisch auch allen anderen WTO-Mitglie-

dern zugestanden werden müssen. Allerdings gibt es im GATS einige allgemeine Meistbegünstigungsausnahmen. Alle Ausnahmen werden allerdings spätestens fünf Jahre nach Inkrafttreten des GATS auf ihre Notwendigkeit überprüft, da solche Ausnahmen einen Zeitraum von zehn Jahren nicht überschreiten sollen („necessity tests"). Ausnahmen werden deshalb im Rahmen späterer Handelsliberalisierungsrunden wieder Gegenstand von Verhandlungen. In der aktuellen Handelsrunde wird daher auch über die Fortführung der Meistbegünstigungsausnahmen verhandelt. Generell sind nach Artikel XIX alle Mitgliedsländer verpflichtet, den Liberalisierungsgrad permanent zu erhöhen.

Die EU hat im Namen der Europäischen Gemeinschaft und ihrer Mitgliedstaaten Forderungen im Dienstleistungsbereich an 109 WTO-Mitglieder eingebracht. Die Forderungen erstrecken sich sektoriell auf die Freien Berufe (außer Gesundheitsberufe), Geschäftsdienstleistungen, Telekommunikation, Post und Kurierdienste, Baudienstleistungen, Distributionsdienstleistungen, Umweltdienstleistungen, Finanzdienstleistungen, Energiedienstleistungen, tourismus- und reisebezogene Dienstleistungen sowie auf Verkehr/Transport. Keine Liberalisierungsvorschläge gibt es aktuell in den Bereichen audiovisuelle und kulturelle Dienstleistungen, Gesundheit sowie Erziehung und Bildung.

Von der österreichischen Wirtschaft wurden bisher noch keine GATS-relevanten offensiven Anträge in den Verhandlungsprozess eingebracht, was damit zusammenhängt, dass die österreichischen Dienstleistungsunternehmen vor allem in den EU-Raum exportieren, sodass bereits die Binnenmarktregeln gelten und eine WTO-Liberalisierung hinsichtlich eines zusätzlichen Marktzugangs keine Rolle mehr spielt.

Hinsichtlich des österreichischen Angebots gibt es – abgesehen von der mehrmals wiederholten Zusicherung, dass die heimische Wasserversorgung im Rahmen des GATS nicht zur Disposition stehen wird – vom Bundesministerium für Wirtschaft und Arbeit keine eindeutigen Aussagen. „Festzuhalten ist, dass es kein eigenständiges österreichisches Angebot im GATS geben wird" (Bundesminister Bartenstein am 3. 7. 2002 im Parlament).

Auswirkungen des Scheiterns der WTO-Verhandlungen in Cancún auf das GATS-Abkommen

Nach der 3. WTO-Ministerkonferenz im Dezember 1999 in Seattle scheiterte auch die 5. im mexikanischen Cancún am 14. September 2003. Das GATS-Abkommen war auf der Konferenz nicht wirklich ein Thema, die Mitgliedstaaten wurden lediglich dazu aufgefordert, die Qualität der Angebote zu verbessern bzw. Angebote zu legen, falls sie dies noch nicht getan hatten.

Durch das Scheitern der Verhandlungen stehen nun die WTO-Verhandlungen im Ganzen, wodurch sich auch die GATS-Verhandlungen verzögern. Die Prognosen lauten, dass es zwar einen Fahrplan geben wird, wie weiterverhandelt werden sollte; es wird aber kein Durchbruch erwartet. Weiters wird erwartet, dass die durch die gescheiterten Verhandlungen gestärkten Entwicklungsländer kaum Zugeständnisse im Dienstleistungsbereich machen werden, so lange Europa und die USA nicht zu Zugeständnissen im Landwirtschaftsbereich bereit sind.

Egon Matzner

Das Öffentliche auf der globalen Privatisierungsagenda

I. Globalisierung als Privatisierung der öffentlichen Angelegenheiten

„Das Öffentliche organisieren lernen" erfordert Wissen um die Sache, Kenntnisse im Detail und die Berücksichtigung des Umfeldes. Meine Einleitung wird sich schwerpunktmäßig mit den globalen Trends beschäftigen, die das Öffentliche beeinflussen. Dies erscheint deshalb wichtig, weil seit einiger Zeit alles, was als öffentliche Aufgabe wahrgenommen wird, weltweit unter Ineffizienz-Vorbehalt steht und deshalb auch als Privatisierungskandidatin gilt. Zu dieser Situation haben zweifellos reale Faktoren im öffentlichen Bereich gemischtwirtschaftlicher Länder beigetragen. Sie können mit den Stichworten bürokratische Schwerfälligkeit und Kundenferne, Mangel an Kostenbewusstsein und Ressourcenvergeudung sowie gleichzeitiges Auftreten von Über- und Unterversorgung auch politische Beutenahme, Pfründenwirtschaft und Korruption benannt werden. Dass es dabei zu ungerechtfertigten Verallgemeinerungen von Missständen kommt und Ähnliches, oft in noch viel größerem Stil, im Marktbereich anzutreffen ist, ändert nichts daran, dass die Vorwürfe oft Realitätsgehalt haben und auch unbegründete Privatisierungstendenzen stützen. Oft genug treten demgegenüber die Stärken und Vorzüge der Erfüllung gesellschaftlicher Aufgaben durch öffentlich organisierte Einrichtungen und Leistungen in den Hintergrund.

Die Besorgung öffentlicher Angelegenheiten ist auch aus einem anderen Grund in die politische Kritik geraten: Es ist dies die grundlegende Änderung der globalen Kräfteverhältnisse, die mit dem Ende des Sowjetsystems und dem Aufstieg der USA zur einzigen Weltmacht eingetreten ist. Die USA sind nun die einzige Weltmacht; sie können ihre politischen Vorstellungen mit Hilfe wechselnder Allianzen durchsetzen; wenn sie solche nicht finden, versuchen sie es auch unilateral (siehe dazu Matzner 2000).

Die neue Logik der globalen Situation veranlasste die USA, auch ihre globale Strategie grundlegend zu ändern. Galt ab der Entstehung der Sowjetunion die Eindämmung des Kommunismus *(containment of communism)* als das überragende Ziel der US-Strategie, so sind nach dem Ende der Sowjetunion die „globale Öffnung der Märkte" und die „Errichtung der demokratischen Marktgesellschaften" an diese Stelle getreten (wörtliches Zitat von Anthony Lake, Sicherheitsberater von George Bush sen., aus einer Rede vom 21. September 1993). Dieser Strategiewechsel findet in vielen politischen Erklärungen seinen Ausdruck, unter anderem auch in den so genannten Kopenhagen-Kriterien der EU, welche die Beitrittskandidaten der EU zu erfüllen haben.

Globale Marktöffnung ist in einem umfassenden Sinn zu verstehen:

- Es geht um *private* Güter und Dienstleistungen; die Zuständigkeit liegt nun bei der WTO (früher GATT).
- Es geht um *öffentliche* Güter und Dienstleistungen; die Zuständigkeit hiefür liegt bei GATS (im Rahmen der WTO).
- Es geht um geistiges Eigentum einschließlich (bisher frei nutzbarer) wissenschaftlicher Entdeckungen und neuer Erkenntnisse sowie traditionellen Wissens, das bisher Allgemeingut aboriginärer Kulturen war; die Zuständigkeit hiefür liegt bei TRIPS (Trade-Related Aspects of Intellectual Property Rights) im Rahmen der WTO.
- Die großen Ausnahmen von der Marktöffnung betreffen die Agrar- und Arbeitsmärkte in den entwickelten Ländern.

Die öffentlichen Einrichtungen und Dienstleistungen stehen aus einem einfachen Grund auf der globalen Privatisierungsagenda:
Private Investoren, vor allem transnational operierende Unternehmungen, brauchen neue Märkte und zusätzliche profitable Anlagemöglichkeiten. Dies ist die neue Wirklichkeit, vor der weder die MitarbeiterInnen der öffentlichen Einrichtungen und Dienstleistungsanbieter noch die BürgerInnen, welche diese politisch wollen, finanzieren und nutzen, die Augen schließen sollten. Auch sollte man wissen und bedenken, dass das Ziel der Marktöffnung mit allen Mitteln verfolgt und durchgesetzt wird. Dies bringt Thomas Friedman, Kolumnist der *New York Times* (und politischer Berater des ehemaligen US-Präsidenten Jimmy Carter sowie der späteren Außenministerin Madeleine Albright) unmissverständlich zum Ausdruck:
„Damit die Globalisierung funktioniert, darf Amerika sich nicht scheuen, als die allmächtige Supermacht zu handeln, die es ist [...] Die unsichtbare Hand des Marktes wird nie ohne die versteckte Faust funktionieren – McDonalds kann nicht ohne McDonell Douglas, den Produzenten der F-15, gedeihen. Und die versteckte Faust, welche die Welt für Silicon Valleys Technologien schützt, heißt US Army, Air Force, Navy und Marine Corps“ (Friedman 1999).
Menschenrechtsverletzungen und Terrorismus-Verdacht bieten Anlässe, Märkte auch mit militärischen Mitteln zu öffnen. Nach dem Regimewechsel im Irak wird die dortige – in Staatseigentum befindliche – Erdölindustrie für private Investoren geöffnet. Danach wird die Privatisierung der Erdölwirtschaft auch in den anderen Ländern des weiteren Mittleren Ostens sowie in Mexiko, Venezuela und anderswo folgen.

II. Schäden von Deregulierung und Privatisierung

Dem Ziel der generellen Marktöffnung liegt der Gedanke zugrunde, dass Privateigentum und Wettbewerbsmärkte bei der Bereitstellung von Gütern und Leistungen öffentlich organisierten Einrichtungen generell überlegen seien. Die daraus abgeleitete Politik wird in den USA als „Washington Consensus“ bezeichnet. (In Europa wird dieser Ausdruck eher vermieden, erinnert er doch daran, dass die Europäer nur Politiknehmer sind.) Die drei Hauptpunkte des „Washington Consensus“ sind:

1. Vorrang der monetären Stabilität über konkrete gesellschaftspolitische Ziele.
2. Deregulierung/Liberalisierung von Markthemmnissen.
3. Privatisierung von öffentlichem Eigentum, öffentlichen Einrichtungen und Aufgaben.

Der „Washington Consensus“ ist deshalb von globaler Wirksamkeit, weil die Kreditvergabe von IMF und Weltbank in Washington D.C. ebenso wie der European Bank for Reconstruction and Development in London oder der Europäischen Investitionsbank in Luxemburg von der Erfüllung des „Washington Consensus“ (des so genannten „Structural Adaptation Programme“) abhängig gemacht wird. Er liegt u.a. auch der Politik der OECD und der EU zugrunde. Deren Lissaboner Beschlüsse, die EU durch Imitation des US-amerikanischen Vorbildes zur wettbewerbsstärksten Region der Welt zu machen, belegen dies.

Der „Washington Consensus“ ist heute das funktionale Äquivalent der Zehn Gebote der christlichen Religionen in der postmodernen, säkularisierten und kommerzialisierten Welt. Seine theoretischen Grundlagen sind wissenschaftlich nicht haltbar. Die durch ihn angeleitete oder erzwungene politische Praxis hat empirisch nachweisbar großen Schaden angerichtet. Dazu einige Hinweise:

1. Die Finanzkrisen, die über Lateinamerika nach Asien und Russland wanderten und jetzt nach Lateinamerika zurückgekehrt sind, hängen kausal mit dem „Washington Consensus“ zusammen. Dies wird ausführlich von Nobelpreisträger Joseph E. Stiglitz beschrieben, der Chefberater von US-Präsident Bill Clinton und danach Chefökonom und Vizepräsident der Weltbank war (siehe dazu Stiglitz 2003).
2. Die Konkurse von Enron, Andersen, WorldCom & Cie hängen zumindest indirekt mit Deregulierungsmaßnahmen zusammen (siehe Stiglitz 2003). Die dadurch eingetretenen Vermögens- und Einkommensverluste gehen in Tausende Billionen US-Dollar.
3. Die Stromversorgungskrise in Kalifornien, die in einer der reichsten Regionen der Welt über Tage zu Stromabschaltungen führte, kam durch Deregulierung unter Mitwirkung von Enron zustande. Als Lückenbüßer musste aus staatlichen kanadischen Wasserkraftwerken – die ihrerseits selbst Privatisierungskandidaten sind – gelieferter Strom herhalten.
4. Das Chaos der britischen Eisenbahnen, das durch die Privatisierung unter der Regierung Margaret Thatchers intensiviert wurde.
5. Die Verringerung der Auszahlungen von privaten, kapitalfundierten Pensionsfonds in den USA, Großbritannien und allen Ländern, die schon größere Anteile an kapitalfundierter Altersvorsorge realisiert haben.

Es ist erstaunlich, dass die manifest gewordenen Schäden – die größer sein dürften als alle Defizite und Konkurse, die nichtprivate Unternehmungen und Einrichtungen in gemischtwirtschaftlichen Ländern insgesamt herbeigeführt haben – den Trend zu weiteren Privatisierungen bisher nicht in Frage stellen, geschweige denn brechen haben können. Die rot-grüne Regierung in Deutschland und die schwarz-blaue Regierung in Österreich liefern hiefür nahezu täglich das Anschauungsmaterial.

III. Vergessenheitskonjunktur und Privatisierungsmechanismen

Dieses erstaunliche Phänomen verlangt eine Antwort auf die Frage: Warum gibt es dazu so geringen argumentativen und politischen Widerstand? (Diese Frage bleibt auch noch nach den großen Kundgebungen berechtigt, die in Österreich, Frankreich und Deutschland stattfanden.) Dafür lassen sich zwei nichttriviale Antworten geben:

Die erste Antwort: Die „Radikalisierung des Kapitalismus" hat zu einer „fantastischen Vergessenskonjunktur" geführt (wörtliches Zitat von Franz Schuh, *Wespennest* 115, Wien 1999). Altes Wissen wird entwertet – und das gilt nicht etwa nur für sozialistisches Gedankengut, sondern auch für die klassische Begründung von staatlichen Eingriffen ins Marktgeschehen und dessen Regulierung. Ich rufe lediglich vier der wichtigsten Begründungen für staatliche Eingriffe, die häufig vergessen werden, in Erinnerung:

1. Märkte bedürfen, um das allgemeine Interesse nicht zu schädigen, der Einbettung in ein von legitimierten Instanzen (Staat, EU etc.) zu verantwortendes Regelwerk. Aus der Schule der klassischen politischen Ökonomie von Adam Smith stammt der Satz: „Die Verfolgung des Eigennutzes, der nicht durch geeignete Institutionen Grenzen gesetzt werden, garantiert nur eines, nämlich Chaos" (Robbins 1978).
2. Da die KonsumentInnen/KäuferInnen zumeist schlechter informiert sind als die ProduzentInnen/VerkäuferInnen, sind sie ständig in Gefahr, übervorteilt zu werden. Deshalb brauchen sie Schutz oder öffentlich verantwortete Versorgung, z.B. bei Krankheit und im Alter.
3. Eine Vorsorge für qualitätsvolle Erziehung und Ausbildung, für Kranken-, Unfall- und Altersvorsorge über den Markt ist so teuer, dass viele Menschen wegen relativer Armut davon ausgeschlossen sind. Wer nicht will, dass diese Menschen unterversorgt bleiben, muss für entsprechende öffentliche Vorsorge eintreten und dafür auch zu zahlen bereit sein.
4. Wer bei Netzinfrastrukturen wie Eisenbahn, Autobahnen, Strom, Wasser und Kommunikation weder Vergeudung von Ressourcen durch einander konkurrierende Unternehmungen noch die Ausbeutung durch private Monopole will, wird sich für öffentliche Regulierung oder öffentlich organisiertes Angebot entscheiden.

Zusammengefasst: Die Privatisierung öffentlicher Angelegenheiten führt in den seltensten Fällen zu einer automatischen Verbesserung der Versorgungslage, jedoch sehr häufig zu veritablen Verschlechterungen. Das ist auch nicht verwunderlich: Die Gründe, weswegen diese Angelegenheiten in den letzten zwei Jahrhunderten zu öffentlichen wurden, sind in vielen Fällen noch wirksam, auch dann, wenn sie der „fantastischen Vergessenheitskonjunktur" anheim gefallen sind (siehe dazu Matzner 2002).

Die zweite Antwort auf die Frage nach den Gründen für die nahezu widerstandslose Privatisierung öffentlicher Angelegenheiten hängt mit zwei nur schwer zu durchschauenden sozioökonomischen Mechanismen zusammen, die gleichsam hinter unseren Rücken und weltweit wirksam sind.

Der ***erste Privatisierungsmechanismus*** wurde durch die Freigabe des Wechselkurses des US-Dollars zu Beginn der 1970er Jahre durch US-Präsident Richard Nixon ausgelöst. Durch diesen Liberalisierungsschritt – das ist noch nicht ins öffentliche Bewusstsein getreten – wurde das Wechselkurs-Risiko *privatisiert*, das heißt: von Zentralbank und Regierung auf die Importeure und Exporteure übertragen. Seither haben Spezialinstitutionen auf den Finanzmärkten dieses Risiko übernommen und gleichzeitig vervielfacht. Die Finanzmärkte haben sich zudem verselbstständigt und zwingen die Regierungen, der Währungsstabilität Vorrang vor allen anderen Aufgaben einzuräumen. Dadurch wurde eine Kettenreaktion weiterer Privatisierungen in Gang gesetzt, die noch immer nicht zu einem Ende gekommen ist (siehe Matzner 2001).

Den ***zweiten Privatisierungsmechanismus*** bildet das GATS-Verfahren, das innerhalb der WTO auf den Weg gebracht wurde. Dabei geht es um die Öffnung der Märkte für soziale und kulturelle Güter und Dienste wie Gesundheit, Wasser, Altersvorsorge, Ausbildung, Forschung und Entdeckung, traditionelles Wissen und so fort.

Gelingt dieses Projekt der Marktöffnung – und vieles spricht dafür –, dann werden bisher nicht handelbare Güter zu handelbaren. Danach unterliegt, was aus ihnen gemacht oder nicht gemacht wird, dem Marktkalkül und nicht mehr dem demokratischen oder dem akademischen Verfahren der ausreichenden Zustimmung. Die Urteile der WissenschaftlerInnen und die Präferenzen der BürgerInnen werden so entwertet. Das für alle Mitgliedsländer der WTO verbindliche Verfahren ist überraschend einfach, wie aus Fritz/Scherrer (2002) hervorgeht:

Schritt 1: Unternehmungen oder deren Interessenvertretungen, die soziale und kulturelle Güter international anbieten (wollen), spezifizieren ihrer nationalen Regierung oder der intergovernmentalen regionalen Integrationseinheit (beispielsweise der EU) ihr Interesse an der Öffnung genau spezifizierter Märkte in anderen WTO-Ländern.

Am Ende steht dann eine Liste von Anträgen/Wünschen auf Marktöffnung.

Schritt 2: In eigens festgesetzten Verhandlungsrunden werden die von Regierungen und intergovernmentalen Integrationsgebilden (wie der EU) gesammelten Listen präsentiert und „gehandelt". So kann es dann kommen, dass ein Wunsch Australiens nach Öffnung eines Marktes (in) der EU im Austausch gegen einen Wunsch der EU (eines EU-Mitgliedslandes) nach Öffnung des Marktes in Australien erfüllt wird. (Da könnte es zum Beispiel um die Öffnung des Marktes für australische SchilehrerInnen in Österreich im Austausch gegen die Öffnung des Marktes für österreichische TennislehrerInnen in Australien gehen.) Wie immer der konkrete Fall sich auch darstellt: Entscheidend ist dabei, dass in dem gegenseitigen Deal der Marktöffnung die Lobbys der Marktöffner die erste Geige spielen; die Verfechter der demokratisch legitimierten Präferenzen, selbst wenn sie für die Aufrechterhaltung bewährter und selbsterhaltender nichtprivater Einrichtungen und Leistungen eintreten, haben hingegen im derzeitigen globalisierten Konzert nur eine leise Stimme.

IV. Waffengleichheit auf einer schiefen Ebene

Dies ist die Situation, die heute *de facto* besteht. *De jure* wäre es durchaus möglich, neben den Listen, in denen sich die Länder im Rahmen des GATS verpflichten, die Märkte zu öffnen (den so genannten *Verpflichtungslisten* zur Gewährung der Meistbegünstigung an alle WTO-Mitgliedsländer), auch *Ausnahmelisten* von der Meistbegünstigung durchzusetzen. Nach gegenwärtigem Stand der Dinge ist in den von der EU-Kommission mit dem EU-Parlament abgestimmten Angebotslisten für die besonders heiklen Sektoren Gesundheitsdienste, Bildung, audiovisuelle Dienstleistungen, Wasserversorgung und öffentlicher Nahverkehr *keine* Marktöffnung vorgesehen. Welche Märkte tatsächlich geöffnet werden, wird erst am Ende der Verhandlungen feststehen. (Sie unterliegen jedenfalls der Logik der sozialen Situation, die in *Schritt 2* beschrieben wurde.) Die einzelnen zu öffnenden Sektoren und, innerhalb derselben, das Ausmaß der zugestandenen Öffnung bestimmt jeder Staat selbst. (So will Österreich den Markt für BergführerInnen und SchilehrerInnen *nicht* öffnen.)

Objektiverweise ist festzustellen, dass die Vertretung öffentlicher Angelegenheiten (der *res publica*) im Zeitalter der Privatisierung und Deregulierung auf einer *schiefen Ebene* stattfindet. Die von WTO/GATS proklamierte *Waffengleichheit* aller Anbieter ist eines der konstitutiven Elemente. Denn Waffengleichheit zwischen Ungleichen – dem nationalen oder lokalen, aber immer noch Kleinanbieter und dem globalen Großanbieter – bedeutet in der Mehrzahl der Fälle grünes Licht für das Globale. Der Größere kann die Fixkostendegression der uniformen Großserie ausnutzen, der Kleinere nicht. Aber müssen sich die nationalen, regionalen und lokalen Präferenzen deshalb zurückdrängen lassen?

Auch auf der *politischen Ebene* befinden sich die VerfechterInnen der öffentlichen Angelegenheiten im Nachteil. Die dominierende Ideologie, die immer öfter *nicht* die Mehrheitsauffassung der Bevölkerung repräsentiert, bevorzugt Deregulierung und Privatisierung. Die Entscheidungen, die anstehen, werden oft genug gar nicht mehr öffentlich erörtert. Die VertreterInnen der Regierung und der Opposition stellten sich, was GATS betrifft, erst der Diskussion, nachdem sie sich durch Proteste und Aufklärungskampagnen, vor allem von ATTAC, dazu genötigt sahen.

Kurzum: Es ist sehr wahrscheinlich, dass im Zusammenspiel von objektiven Faktoren (der „schiefen Ebene“) und politischen Faktoren (etwa Vermeidung der Auseinandersetzung über „mehr privat – weniger Staat“) die sozialen und kulturellen Güter Österreichs (wie auch der anderen EU-Länder), soweit profitabel, von den „Corporations" übernommen (gleichsam „globalisiert") werden. In Großbritannien können schon heute die negativen Auswirkungen einer solchen Übernahme auf die Qualität und die Preise öffentlicher Leistungen betrachtet werden. George Monbiot, Redakteur des *Guardian,* hat sie in seinem Buch *The Captive State. The Corporate Takeover of Britain* (2000) ausführlich beschrieben. Malcolm Sawyer hat sie mit wissenschaftlicher Akribie evaluiert (siehe Sawyer: „The Private Finance Initiative: A Critical Assessment." http://129.11.89.221/MBK/MalcolmSawyer/pfi.doc).

V. „Wachsam beobachten"

Der für GATS zuständige Bundesminister Martin Bartenstein hat vor einem besorgten Forum der Gewerkschaft des öffentlichen Dienstes (GÖD) zum Thema „GATS – starker Staat, sichere Zukunft" in beruhigender Absicht folgende Worte gesprochen:
„Das GATS ist keine Zwangsbeglückung. Jeder Staat kann selbst entscheiden, welche Dienstleistungen für den internationalen Wettbewerb geöffnet werden. Hinzu kommt, dass Österreich aus seinem GATS-Angebot die Verfügungsgewalt über seine Wasserressourcen sowie die öffentlichen Gesundheits- und Bildungsdienstleistungen ausgeklammert hat."
Seine Worte konnten nicht beruhigen. Der Gewerkschaftsvorsitzende Fritz Neugebauer antwortete dem Bundesminister, dass die GÖD die weitere Entwicklung des GATS „wachsam beobachten und dieser nicht freien Lauf lassen werde". (Beide Zitate aus *GÖD,* Mai 2003.)
Dies ist die richtige Antwort eines österreichischen und europäischen ArbeitnehmerInnenvertreters. Um bei diesem Bemühen erfolgreich zu sein, wird es nicht nur großer Aufmerksamkeit und voller Aufklärung, sondern vor allem einer breiten Koalition all jener bedürfen, denen die weitere Entwicklung eines selbstbestimmten Angebotes sozialer und kultureller Lebensgüter ein wichtiges Anliegen ist.

Literatur

Friedman, Thomas (1999): America's New Burden. In: *The New York Times – Magazine*, March 28, 1999

Fritz, Thomas/Scherrer, Christoph (2002): GATS – zu wessen Diensten? Öffentliche Aufgaben unter Globalisierungsdruck. VSA, Hamburg

Matzner, Egon (2000): Monopolare Weltordnung. Zur Sozioökonomie der US-Dominanz. Metropolis Verlag, Marburg

Matzner, Egon (2001): Argumente für eine Neu-Regulierung der globalen Finanzmärkte. In: *Wirtschaft und Gesellschaft*, Heft 4, Wien

Matzner, Egon (2002): Der Wohlfahrtsstaat des 21. Jahrhunderts. In: *Wirtschaft und Gesellschaft*, Heft 2-3

Monbiot, George (2000): The Captive State. The Corporate Takeover of Britain. Macmillan, London

Robbins, Lionel C. (1978): The Theory of Economic Policy in English Classical Political Economy. Macmillan, London

Sawyer, Malcolm C.: The Private Finance Initiative: A Critical Assessment. http://129.11.89.221/MBK/MalcolmSawyer/pfi.doc

Stiglitz, Joseph E. (2003): Die Goldenen Neunziger: Globalisierungsmythen, Wirtschaftshochmut und Doppelmoral. In: *Lettre Internationale* 44. Berlin, Frühjahr 2003

Ralph Grossmann

Die Reform des Öffentlichen in einer Gesellschaft von selbstständig agierenden Organisationen

Es geht um die zentrale Frage, wie entwickelte Industriegesellschaften öffentliche Leistungen organisieren. Entlang dieser Frage ist international ein gesellschaftlicher Umbau zu beobachten. Dabei geht es um eine Neukonstellierung der gesellschaftlichen Subsysteme zueinander – Staat, Markt und organisierte Zivilgesellschaft als politischer und interorganisationaler Prozess.
Die Verfügbarkeit und die Qualität der Public Goods bestimmen die gesellschaftlichen Standards in Bezug auf sozialpolitische Absicherung, Gesundheitsversorgung, allgemein zugängliche Bildungsgelegenheiten sowie Teilhabe an Kultur. Und sie sind eine wesentliche Voraussetzung für die Sicherung des gesellschaftlichen Zusammenhalts sowie für das Fortbestehen gesellschaftlicher Solidarität. Die Gestaltung des Verhältnisses der Bürgerinnen zu den öffentlichen Dienstleistungsorganisationen, vor allem ihre Beteiligung an der Produktion der Public Goods und ihre Einflussnahme darauf, prägen nachhaltig die politische Kultur einer Gesellschaft.

Perspektivenvielfalt in der Organisation des Öffentlichen

Es gilt bei dieser Frage nach der Organisation des Öffentlichen immer mehrere Perspektiven im Blick zu behalten:

- Haben alle Gesellschaftsmitglieder fairen Zugang zu den Leistungen, die sie für ihre Entwicklung brauchen?
- Investiert die Gesellschaft angemessen in die Infrastrukturen, die ihr Entwicklungspotenzial – wirtschaftlich, sozial, ökologisch und kulturell – fördern?
- Welche Auswirkungen hat die Organisationsform öffentlicher Leistungen darüber hinaus für die soziale und kulturelle Entwicklung einer Gesellschaft?

Wir gehen davon aus, dass die konkrete organisatorische Ausgestaltung auch inhaltliche, sich in der Qualität der öffentlichen Leistungen ausdrückende Bedeutung hat. In der Beantwortung dieser Frage nach der passenden Organisationsform öffentlicher Leistungen ist eine verengende Polarisierung von Staat und Markt zu vermeiden. Die Optionen sind vielfältiger, als die Leistungen entweder durch staatliche Verwaltungseinheiten oder durch privatwirtschaftlich verfasste Unternehmungen erbringen zu lassen. Unternehmungen der Privatwirtschaft können diese Leistungen im Auftrag und mit begleitendem Controlling durch den Staat bzw. staatliche beauftragte Regulatoren erbringen oder zivilgesellschaftliche Einrichtungen können im Auftrag oder gefördert durch den Staat die Bereitstellung öffentlicher Leistungen übernehmen.
Diese Optionen eröffnen eine sehr vielfältige und pluralistische Landschaft. Public Goods werden in diesem Modell des Gewährleistungsstaates wahrgenommen:

- von Verwaltungsdienststellen selbst oder von so genannten Agencies, also selbstständigen Organisationseinheiten, die Leistungsaufträge bearbeiten,
- von privaten Unternehmungen, die im staatlichen Auftrag tätig werden,
- oder von Organisationen der Zivilgesellschaft, die öffentliche Aufgaben übertragen bekommen oder sie in gesellschaftlicher Eigeninitiative mit öffentlicher Förderung wahrnehmen.

Die Einrichtungen des dritten Sektors weisen eine große Bandbreite an Organisationsformen auf: auf staatliche Initiative entstehende Vereine, denen öffentliche Aufgaben übertragen werden, Wohlfahrtsverbände wie große karitative Einrichtungen, deren Leistungen aus staatlichen Mitteln abgegolten werden, oder echte Community groups, Bürger- und Selbsthilfeinitiativen, die aus ihrer Sicht gesellschaftlich wünschenswerte Leistungen erbringen und aus öffentlichen Budgets gefördert werden. Das viel strapazierte Schlagwort von „public private-partnerships" kann also ganz unterschiedliche Konstellationen der Organisation öffentlicher Leistungen benennen.

Auf der Einbeziehung und Stärkung dieses dritten Sektors, der in vielen europäischen Ländern die größten Zuwachsraten in der Wahrnehmung öffentlicher Aufgaben erfährt, ruhen nicht nur die Hoffnungen auf eine in vielen Belangen adäquatere Aufgabenerfüllung, sondern auch des Ausbaus von gesellschaftlicher Beteiligung und Demokratisierung. Es geht also um die politische Entscheidung, welcher institutionelle Rahmen und welches Set an organisatorischen Lösungen für welche Arten von öffentlichen Aufgaben am besten geeignet erscheinen. Die zentralen Erfolgskriterien für diese Entscheidung sind:

- die Gewährleistung der Versorgung;
- die Effizienz der Leistungserbringung;
- die erwartbare Qualität der angebotenen Leistungen;
- die zusätzlichen Entwicklungsimpulse für die Gesellschaft.

GATS und die politische Steuerung öffentlicher Güter

Eine der interessantesten Fragen rund um das GATS ist: inwieweit diese politische Auswahlentscheidung und damit das Kernstück politischer Steuerung öffentlicher Leistungen durch das GATS prädisponiert wird und inwieweit in liberalisierten Bereichen im Sinn des GATS eine steuernde Einflussnahme der öffentlichen Hand weiterhin möglich ist und wie sie konkret ausgestaltet werden kann. Werden Organisationen der Zivilgesellschaft mit der Erbringung öffentlicher Leistungen beauftragt oder die autonom erbrachten Leistungen öffentlich gefördert, dann können über die unmittelbaren Leistungen hinausgehende Wirkungen angestrebt bzw. müssen diese auch seitens der Politik in Kauf genommen werden:

- Sensibilisierung der Gesellschaft für bestimme Problemlagen und politische Auseinandersetzung darüber;
- Mitgestaltung von gesellschaftlichen Gruppen an den daraus resultierenden Entscheidungen;

- Mobilisierung des gesellschaftlichen Potenzials für die Bewältigung von drängenden Aufgaben;
- Verstärkung solidarischer Orientierungen in der Gesellschaft und damit des gesellschaftlichen Zusammenhalts;
- arbeitsmarktpolitische Ziele.

Ein Angelpunkt in der Organisation öffentlicher Leistungen wird in Zukunft nicht Markt oder Staat heißen, sondern profitorientierte Unternehmungen oder zivilgesellschaftliche Organisation. Wenn, um ein aktuelles politisches Beispiel zu thematisieren, Teile der Flüchtlingsbetreuung einer deutschen privatwirtschaftlichen Firma übertragen werden, statt konfessionelle Wohlfahrtsverbände – wie die evangelische Diakonie, die katholische Caritas – oder andere zivilgesellschaftliche Sozialdienstleister zu beauftragen, so hat das nicht nur Einfluss auf die Arbeitsmarktsituation, die Kosten und die Qualität der unmittelbaren Dienstleistung, sondern es wird auch die gesellschaftliche Auseinandersetzung um die angemessene Flüchtlings- und Asylantenbetreuung ruhig gestellt, die Einflussmöglichkeiten der zivilgesellschaftlichen Einrichtungen auf diese sensible und zukunftsrelevante gesellschaftliche Problemlage werden beschnitten.

In einer funktional differenzierten Gesellschaft von Organisationen, in der die meisten gesellschaftlichen und persönlichen Problemlagen in und von relativ autonomen Organisationen erbracht werden, ist gesellschaftliche Partizipation sehr stark über die Auseinandersetzung zwischen den Organisationen – hier zwischen dem Bundesministerium als Auftraggeber und den sozialen Dienstleistungsorganisationen – zu erreichen, wahrscheinlich stärker als über allgemeine politische Repräsentation. Aber das bedeutet auch, dass der Steuerungsbeziehung zwischen staatlichem Auftraggeber und Dienstleistungseinrichtung eine große Bedeutung zukommt, und es bedeutet, dass diese Auseinandersetzung für die Repräsentanten des politischen Systems konfliktträchtig und mühsam ist. Die Privatisierung im Sinn der Beauftragung privatwirtschaftlicher Unternehmungen kann daher auch als Externalisierung von politischen Konflikten und Reduktion des damit verbundenen öffentlichen Diskurses verstanden werden. Die Steuerung über Ziel und Leistungsvereinbarungen zwischen Staat und Körperschaften öffentlichen Rechts, z.B. den Universitäten nach der Reform im Rahmen des UOG 2002, oder gegenüber Organisationen der Zivilgesellschaft ist sicher die anspruchsvollste Steuerungsform. Die klassische Kaufrelation gegenüber einer Firma, die nur an der Erzielung eines guten Preises und an einem Nachfolgeauftrag interessiert sein kann, aber sonst keine Ziele verfolgt, erscheint dem gegenüber wesentlich einfacher.

Gesellschaftlicher Reformdruck wird mitprivatisiert

Die weit reichenden Privatisierungen, die auch jenseits des GATS stattfinden, bringen daher gewollt oder implizit eine Externalisierung gesellschaftlichen Reformdrucks mit sich, auf ganz unterschiedliche Art und Weise.

- Notwendige Reformen in der Organisation öffentlicher Leistungen wie Effizienzsteigerung und unvermeidbarer Personalabbau, Steigerung der Kundinnenorientierung, aber auch unausgetragene Zielkonflikte über wichtige gesellschaftliche Grundfragen werden ausgelagert und mitprivatisiert.
- Die Marktvariante erscheint so auch als die gangbarere Reformperspektive und drückt eine gewisse Resignation gegenüber der organisatorischen Reformierbarkeit öffentlicher Leistungen aus.
- Die innere Reform der Dienstleistungsorganisationen ist eine Voraussetzung für die Sicherung öffentlicher Leistungen. Nur wenn der Umbau zu selbstständigen und gut geführten kundenorientierten Dienstleistungsorganisationen gelingt, die einen verantwortungsvollen, sparsamen Umgang mit öffentlichen Ressourcen nachweisen können, werden diese Einrichtungen längerfristig als öffentliche Anbieter in der Konkurrenz mit privatwirtschaftlichen Anbietern bestehen können. Nur effektiv und effizient organisierte öffentliche Leistungen werden als solche Bestand haben. Aber gleichzeitig sind die symbolischen und gesellschaftspolitischen Leistungen der öffentlichen Einrichtungen ins Kalkül der Auftraggeberinnen einzubeziehen.
- Nur wenn Politik und Verwaltung und die Professionellen in den Dienstleistungsorganisationen entschlossen die Organisationsreform der öffentlichen Einrichtungen betreiben, bleiben die Optionen in der Gestaltung öffentlicher Leistungen erhalten. Verschlafene Organisationsreformen führen unweigerlich zu Verlagerungen auf den privatwirtschaftlichen Sektor mit all den möglichen Folgekosten, die skizziert wurden. Gesellschaftsreform ist wesentlich als Organisationsreform zu realisieren.

Umsetzungsperspektive für die Reform öffentlicher Leistungen

Damit lassen sich einige Markierungen für die Reform der Organisation und Bewirtschaftung öffentlicher Leistungen setzen.

- Weitere Dezentralisierung und Verselbstständigung von Organisationen, die öffentliche Leistungen erbringen. Zusammenführung der inhaltlichen und einer gewissen unternehmerischen Verantwortung. Reduktion der Bereiche, deren Leistungen unmittelbar in staatlicher Verwaltung erbracht werden. Dazu gibt es meiner Ansicht nach keine Alternative.
- Gleichzeitig Aufrechterhaltung der staatlichen Gewährleistung und Förderung sowie einer politischen und gesellschaftlichen Steuerung der Leistungserbringung.
- Das bedeutet Deregulierung, obwohl das vielleicht nicht das richtige Wort ist, denn es geht um eine Veränderung der Organisationsform und des Steuerungskonzepts.
- Professionalisierung der Dienstleistungsorganisationen, die Public Goods erbringen, unter Berücksichtigung ihrer spezifischen Aufgaben. (Die Universität Wien ist keine Stahlfabrik, ein soziale Dienstleistungen erbringender

Verein keine Bank.) In der Finanzierung sind die besonderen gesellschaftlichen Leistungen zu berücksichtigen.
- Die Vielfalt der Organisationsformen in der Erstellung öffentlicher Leistungen ist aufrechtzuerhalten und noch voranzutreiben, und zwar im Interesse sachgerechter Dienstleistungsangebote und gesellschaftlicher Partizipation.

Diese Reformperspektive führt bezogen auf das GATS in eine paradoxe Situation: Die Professionalisierung und marktnähere Organisation der Dienstleistungseinrichtungen sowie auch die organisatorische Vielfalt schaffen eine Wettbewerbssituation, die fast zwangsläufig bedeutet, dass die geltenden Regelungen des GATS auf alle diese Leistungen Anwendung finden können. In der Definition der öffentlichen Leistungen sind daher im GATS-Verhandlungsprozess intensive Auseinandersetzungen zu führen und neue Wege zu finden. Andererseits stellt sich die Frage, ob Fragen der Sozial- und Gesundheitspolitik, der Bildungs- und Forschungspolitik, der Umwelt- und Kulturpolitik angemessen mit den Instrumentarien der Handelspolitik geregelt werden können und ob in einer funktional differenzierten Gesellschaft, in der die gesellschaftlichen Subsysteme nicht hierarchisch angeordnet sind, sondern füreinander und für die Gesamtgesellschaft Leistungen erbringen, eine solche Dominanz eines Paradigmas gesellschaftlicher Konfliktregelung passend ist.

Auswirkungen auf das politische System und neue Steuerungsoptionen

Das Politiksystem steht in der skizzierten Reformperspektive vor widersprüchlichen Anforderungen:
- Es gilt die Autonomie der öffentlichen Dienstleistungsorganisationen zu stärken, sich nicht länger in das Alltagsgeschäft einzumischen, weder administrativ noch parteipolitisch. Der Missbrauch öffentlicher Einrichtungen für parteipolitisch motivierte Klientel und Machtpolitik ist der sicherste Weg, ihre Reform zu verhindern und längerfristig jeden politischen Einfluss – an den Markt – zu verlieren.
- Auf der Ebene der Steuerung öffentlicher Leistungserbringung ist Politik aufgefordert, mehr zu tun – im Bereich der Grundsatzentscheidungen über die Organisationsform der Leistungen und als Auftraggeber dieser Organisationen. Das bringt ein neues Anforderungsprofil für Politik und Verwaltung mit sich.

In einer Gesellschaft von relativ selbstständig agierenden Organisationen ist nicht leicht auszumachen, wer für die politische Grundsatzentscheidung, wie öffentliche Leistungen zu organisieren sind, die Verantwortung hat und wo der Ort ist, einen geeigneten Kontext zu schaffen, um den dafür notwendigen Diskurs zu führen. Die notwendigen Debatten und Entscheidungen verlangen nach intersektoraler Kommunikation. Die Politik ist nicht mehr das steuernde Zentrum der Gesellschaft. Politik und Verwaltung können andererseits den Bedarf an Koordination zwischen den Sektoren und Organisationen als ihre – neue

und vielleicht wichtigste – Aufgabe sehen. Andererseits ist es auch an den anderen Organisationen, die Initiative zu ergreifen. Die vielfältigen Organisationen, die öffentliche Leistungen erbringen, haben im Gegensatz zu profitorientierten Dienstleistungsbetrieben kein gemeinsames Sprachrohr – besser gesagt: kein gemeinsames Forum –, ihre Interessen und Perspektiven zu formulieren.
Das GATS scheint zu einem Symbol für die unausgetragene politische Kernfrage nach dem Stellenwert öffentlicher Leistungen und ihrer Organisation geworden zu sein. Das GATS bringt realpolitisch und symbolisch auf den Punkt, dass in Österreich eine grundsätzliche Auseinandersetzung damit, welche Leistungen als öffentliche erhalten werden sollen und in welcher Organisationsform das am besten realisiert werden kann, sehr wichtig wäre. Diese Auseinandersetzung wird derzeit kaum oder wenigstens nicht als öffentliche politische Diskussion geführt.

Klaus Scala

Markt, Demokratie, Organisation – die drei Themen des GATS

Der Diskurs für und wider das GATS wird gegenwärtig in zwei Argumentationslinien geführt: bezogen erstens auf das Verhältnis von Staat und Markt *(politisch-ökonomischer Diskurs)* und zweitens auf das Verfahren, die Formen der politischen Beteiligung am Verhandlungsprozess *(demokratiepolitischer Diskurs).* Mittlerweile finden sich auch in den gängigen Medien (Fernsehen, Tageszeitungen) immer häufiger Beiträge über das GATS. Meist bleibt jedoch – zumindest in den klassischen Massenmedien – die Diskussion im ökonomisch-politischen Diskurs stecken und dort auf halber Strecke.
So sollen hier zunächst die beiden genannten Diskurse vorgestellt und die aktuell diskutierten Positionen nachgezeichnet werden. Aus unserer Sicht bleibt dabei ein sehr wichtiger Aspekt ausgeklammert: die Rolle der Dienstleistungsorganisationen. Es folgen daher anschließend als dritter inhaltlicher Bogen die Rolle der Dienstleister sowie ihre Sichtweisen zur Situation. Besonders beleuchtet werden hier das gegenwärtige Verhältnis dieser Organisationen zur Politik sowie deren Entwicklungsperspektiven und Veränderungsbedarf für dieses Verhältnis und für die Organisationen selbst *(Organisationsentwicklungsdiskurs).*
Die Tagung machte auch deutlich, dass die Diskussion um das GATS Anstoß gibt, die Perspektive über den aktuellen Anlass hinaus zu öffnen: Wie werden die für die Gesellschaft notwendigen öffentlichen Leistungen (Public Goods) organisiert? Welche gesellschaftlichen Ziele werden dabei angestrebt und wie werden sie erreicht? Diese Fragestellungen gewinnen durch die GATS-Verhandlungen an aktueller Brisanz, benennen jedoch grundsätzlich einen entscheidenden Veränderungsprozess der Gegenwart. Dieser Veränderungsprozess geht weit über Verwaltungsmodernisierung hinaus. Die Entwicklung der Europäischen Union und die bereits laufenden Liberalisierungsprozesse im Dienstleistungsbereich sind dafür ein deutlicher Beleg.

Der politisch-ökonomische Diskurs

Im politisch-ökonomischen Diskurs geht es um das Verhältnis von Markt und Politik:

1. Welche öffentlichen Aufgaben werden durch den Markt am besten bearbeitet, woraus kann und soll sich der Staat als unmittelbarer Akteur zurückziehen?
2. Welche Aufgaben sind jedoch vom Staat selbst zu übernehmen?
3. Für welche Aufgaben soll der Staat die Gewährleistung übernehmen? Hierbei bestehen mehrere Optionen, wie und wodurch die Leistungen erbracht werden: Der Staat kann traditionell staatliche Einrichtungen „ausgliedern“ und mit ihnen als selbstständige Organisationen Leistungsvereinbarungen schlie-

ßen oder private Unternehmen mit der Erbringung öffentlicher Dienstleistungen beauftragen oder es können Non-Profit-Organisationen mit staatlichem Auftrag und Bezahlung gesellschaftlich wichtige Aufgaben für die Gewährleistung von Public Goods übernehmen. Hier kann eine Wettbewerbssituation entstehen, die jedoch nicht durch das Spiel der Kräfte auf dem Markt bestimmt ist, sondern durch Ziel- und Leistungsvorgaben, die die Politik definiert (vgl. Grossmann: Die Reform des Öffentlichen in einer Gesellschaft von selbstständig agierenden Organisationen).

Durch das GATS wird es im Beziehungsdreieck zwischen Staat, organisierter Zivilgesellschaft und Markt eindeutig zu einer Machtverschiebung zu Gunsten der Privatwirtschaft kommen. Das GATS und auch der Verhandlungsprozess werden daher sehr kontrovers diskutiert. Der Prozess wird nicht zuletzt durch große Dienstleistungskonzerne vorangetrieben; auf der anderen Seite melden sich vor allem Organisationen der Zivilgesellschaft kritisch und zunehmend lauter zu Wort. In Österreich haben sich ca. 40 Organisationen, darunter ATTAC, Greenpeace, ÖGB, ÖH und die Armutskonferenz, zu einer „Stopp-GATS-Kampagne" zusammengeschlossen. Die Politik in Österreich ist – parteipolitisch bedingt – gespalten. Während z.B. die Grünen sich sehr kritisch zum GATS äußern, teilt die österreichische Bundesregierung die Befürchtungen der Kritiker nicht.

Hinter einer positiven Einschätzung des GATS und damit generell der Liberalisierung von Dienstleistungen steht eine Reihe von Argumenten:

- Erstens ist Österreich ein Dienstleistungsexportland und sollte daher von einer Öffnung der Märkte profitieren. So betont Bundesminister Bartenstein prinzipiell, dass Österreich als in hohem Maß außenwirtschaftsabhängiges Land ein überproportionales Interesse an einer weiteren Liberalisierung des Welthandels haben müsse. Schließlich verdanke Österreich – so der Bundesminister – einen großen Teil seines Wohlstandes seinen Exporten, nicht nur von Waren, sondern in zunehmendem Maß auch von Dienstleistungen.
- Zweitens verspricht für die Politik der eigene Rückzug aus dem Dienstleistungssektor den Staatshaushalt besser in den Griff zu bekommen und die mühsamen, bislang wenig erfolgreichen Reformbestrebungen öffentlicher Dienstleistungsorganisationen dem Markt zu überlassen. „Potenziale zur Kostensenkung sind vorhanden", so z.B. die Diagnose im Gesundheitssektor (Janecek).
- Drittens geht eine Ablehnung des GATS insofern an der Realität vorbei, da die Privatisierung des Dienstleistungssektors auch ohne GATS voranschreitet, nicht zuletzt in den speziellen Sektoren Gesundheit, Bildung und Soziale Dienstleistungen. Veränderungen finden auch ohne Regelwerke statt; Technologieentwicklungen, demographische Verschiebungen, Veränderungen in der öffentlichen Meinung sowie im Verhalten von Kunden und Klienten – all dies hat Einfluss auf Veränderungen (Geisler). Vor allem jedoch liegen die Liberalisierungsverpflichtungen des GATS weit hinter dem EU-Niveau zurück und Österreich ist natürlich sehr stark im Binnenmarkt eingebettet. In jenen Berei-

chen aus dem öffentlichen Sektor, die in Österreich bereits 1995 liberalisiert wurden, ist es zu keinen Problemen oder Nachteilen gekommen (Mayer).

Weitere Vorteile bringt ein internationaler, großräumiger Wettbewerb: Er erleichtert Benchmarking gegenüber anderen Volkswirtschaften und fördert angesichts eines globalen Marktes einen Innovations- und Qualitätswettbewerb, der wiederum verstärkte Investitionen in Forschung und Entwicklung nach sich zieht. Der Bedarf an international wirksamen Qualitätsstandards steigt und diese sind daher leichter durchsetzbar. Der Wettbewerb in fachlicher und qualitativer Hinsicht erfordert eine Professionalisierung des Managements und eine konsequente Qualifizierung des Personals. Wirtschaftsorganisationen haben bislang mehr Veränderungsfähigkeit bewiesen als staatliche Einrichtungen und sie investieren generell mehr in die Entwicklung ihrer Strukturen und ihres Personals. Liberalisierung empfiehlt sich. Letztlich wirkt sich der Wettbewerb für den Kunden und Klienten auch preislich günstig aus.

Dieser positiven Einschätzung steht eine breite kritische Front gegenüber: Zunächst wird auf die negative Bilanz von Privatisierungen in anderen Ländern verwiesen. Beispielhaft sind hier die schlechte Stromversorgung in Kalifornien sowie British Railways zu erwähnen. Letztere wurden nach Unfallserien und Finanzkrisen wieder verstaatlicht – was nur möglich war, weil es vor dem GATS-Verhandlungsprozess stattfand. GATS-Vereinbarungen sind irreversibel.

Bislang hat es weder eine Überprüfung der Auswirkungen der bisherigen GATS-Verpflichtungen gegeben noch liegen hinreichende Daten zu den vier Erbringungsarten des Handels mit Dienstleistungen vor. In jenen Bereichen, in denen erste Untersuchungen vorliegen, richtete sich der Fokus vornehmlich auf preisliche Veränderungen. Zu Dimensionen wie den Beschäftigungseffekten, veränderten Qualifikationsanforderungen, wirtschaftsstrukturellen oder ökologischen Wirkungen der Liberalisierung liegen nur sehr dürftige Erkenntnisse vor.

Einige Kritiker stellen den GATS-Prozess historisch in die Tradition der US-Politik zur generellen Öffnung der Märkte mit verheerenden Folgen für die private Vorsorge Tausender Haushalte. In den USA mussten in den letzten Jahren Pensionskürzungen bis zu 40% in Kauf genommen werden (Matzner).

Lohn- und Sozialstandards geraten im Rahmen der GATS-Verhandlungen nicht nur direkt als Marktbarrieren unter Beschuss, sie können insbesondere auf Basis der Liberalisierung von Regeln zur zeitweisen Migration von Dienstleistungserbringern auch unterlaufen und ausgehöhlt werden. Dienstleistungskonzerne könnten ihr Personal in Ländern mit niedrigen oder keinen Lohn- und Sozialstandards rekrutieren und in Staaten mit hohen Lohn- und Sozialstandards einsetzen, was wiederum deren Lohn- und Sozialsysteme unter Druck brächte.

Entwicklungsländer dürften insbesondere hinsichtlich der GATS-Bestimmungen zu ausländischen Direktinvestitionen und Finanzdienstleistungen hohe soziale und ökologische Risiken eingehen. Neben dem Fehlen von arbeitsrechtlichen, sozialen und ökologischen Mindeststandards – was sozialen und ökologischen Ausbeutungsprozessen Tür und Tor öffnet – verfügen diese Länder

meist auch über kein „Investitionsregime", um ausländische Direktinvestitionen in entwicklungsfördernde Bahnen zu lenken. Darüber kann auch die Tatsache nicht hinwegtäuschen, dass Regierungen von Entwicklungsländern im Kontext der GATS-Verhandlungen die Öffnung der Märkte in den entwickelten Ländern für ihre vergleichsweise billigen Angebote verlangen. Ein Handelssystem, in dem geringe oder fehlende Sozial- und Umweltstandards oft der einzige Wettbewerbsvorteil sind – wie dies heute für viele Entwicklungsländer zutrifft –, ist abzulehnen.
Diese Kontroverse könnte noch detailreich ausgeweitet werden, ohne prinzipiell Neues zu Tage zu fördern, und sehr oft endet die Debatte auch an dieser Stelle. Sie verdeckt jedoch sowohl Gemeinsamkeiten als auch relevante Unterschiede zwischen Befürwortern und Kritikern und führt daher meist zu einer ideologischen Einmauerung der Positionen, verbunden mit der Konsequenz, dass sich niemand bewegt.

Drei Positionierungen: Befürwortung, defensive und offensive Kritik

Dieser Zugang führt auch zu einer Polarisierung zwischen „laufen lassen" (Befürworter) und „bremsen" (Gegner). Die Kritiker rutschen damit in eine Defensivposition – nicht nur gegenüber neoliberaler Politik, sondern generell gegenüber einer Entwicklung, die auch ohne GATS innerhalb der EU, aber auch durch die „De-facto-Entwicklung" in einer globalen Wirtschaft stattfindet. Ganz unabhängig davon, ob Dienstleistungen im Bildungs-, Gesundheits- oder Sozialsektor im Rahmen des GATS in einer der nächsten Verhandlungsrunden von Seiten der EU-Länder für den Markt geöffnet werden oder nicht, gibt es längst zahlreiche Privatuniversitäten – allein in Zürich zwanzig (Weder) –, einen florierenden internationalen Gesundheitsmarkt und viele privatwirtschaftlich geführte Sozialeinrichtungen. Die Alternative Staat oder privat ist falsch gewählt (Chalupka). Ebenso unproduktiv ist es, auf Beharrung staatlicher Domaine zu setzen. So hat sich innerhalb der kritischen Positionen eine bislang nicht explizit benannte, jedoch inhaltlich sehr relevante Differenzierung herausgebildet: Defensive Kritik erschöpft sich im Versuch, die beobachtbaren Liberalisierungen im Bereich öffentlicher Güter zu stoppen und Staat und Politik als verantwortliche Betreiber öffentlicher Dienstleistungsagenden nicht aus der Pflicht zu entlassen. Dabei wird immer wieder auf die Rechtsunsicherheit hingewiesen, die vor allem durch die unklaren Bestimmungen des Art. 1, Abs. 3 bedingt ist, in denen es um die Eingrenzung jener Dienstleistungen geht, die unter „hoheitlich" fallen und damit von der Liberalisierung ausgenommen sind. Hier kann bei näherem Hinsehen die Hypothese gewagt werden, dass durch die reale Entwicklung diese Unsicherheiten von der Realität im Sinn der Liberalisierung bereits eingeholt sind oder eingeholt werden.
Offensive Kritiker gehen einige Schritte weiter: Keine Rückkehr bzw. kein Beharren auf einer staatlich-bürokratischen Steuerung von Public Goods, son-

dern – als Alternative zum Markt – die Entwicklung eines öffentlich organisierten Leistungswettbewerbs. Dies lässt sich gut am Unterschied zwischen „marktvermitteltem Wettbewerb" und „Leistungswettbewerb" (Mayr) erläutern:

Marktvermittelter Wettbewerb versus Leistungswettbewerb (Mayr)

Befürworter und offensive Kritiker des GATS und damit der weiteren Liberalisierung öffentlicher Dienstleistungen sind sich in der grundsätzlich positiven Einschätzung von Wettbewerb einig. Es geht nicht um Markt versus staatliche Bürokratien, sondern auch die Frage der Privatisierung scheidet die Positionen nicht prinzipiell. Im Gegenteil: Kritiker verweisen darauf, dass die Marktöffnung im öffentlichen Dienstleistungsbereich sehr oft zur Monopolbildung führt und daher kritisch zu beurteilen sei, weil sie Wettbewerb verhindere. So würden z.B. in der Wasserwirtschaft öffentliche Monopole durch private abgelöst. Ebenso lässt sich dies am Zwang zur Ausschreibung bei öffentlichen Aufträgen illustrieren: Der Billigstbieter muss genommen werden, andere Kriterien fehlen meist. Der Markt ist also gar nicht der Garant für den gewünschten Wettbewerb. Andererseits ist unbestritten, dass Konkurrenz z.B. für Universitäten und ihre Entwicklung sehr wichtig und damit wünschenswert ist.
Die entscheidende Differenz der Positionen zielt auf die Maßstäbe, die den Wettbewerb steuern. „Was macht die Differenz zwischen Erfolg und Misserfolg aus?" Diese Differenz lautet im marktvermittelten Wettbewerb ausschließlich und eindimensional: Gewinn/Verlust. Es herrscht Finanzdominanz.
Im leistungsorientierten Wettbewerb werden Erfolgsdimensionen durch Erreichen bestimmter (gesundheits-, sozial- oder bildungspolitischer) Ziele definiert, die durch einen demokratischen, partizipativen Diskurs erarbeitet werden und politisch legitimiert sind. Diese Ziele können z.B. die fairen Zugangsbedingungen zu Public Goods betreffen, durch konkret benannte Wirkungen definiert sein oder den „added value" beschreiben, der etwa im Sozialbereich dadurch erzielt wird, dass zivilgesellschaftlich organisierte Sozialeinrichtungen über ihre unmittelbaren Leistungen an den Klienten hinaus „gesellschaftsbildend sind, den Zusammenhalt fördern und auch anwaltschaftliche Funktionen haben" (Chalupka). Aus Non-Profit-Organisationen werden Social-Profit-Organisationen. Es herrscht Sachdominanz. Sicherlich sind die Prozesse im Leistungswettbewerb herausfordernder und anspruchsvoller für alle Betroffenen.
Der marktvermittelte Wettbewerb richtet sich nach der Verteilung der kaufkräftigen Nachfrage, die Steuerung erfolgt über das Medium „Preis". Benachteiligt sind die einkommensschwächeren Gruppen in der Gesellschaft. Besonders gravierend kann sich dies z.B. bei Krankenversicherungen auswirken, die in diesem Modell ihre Klientel nach den Kriterien „geringes Gesundheitsrisiko" und „hohe Zahlungsfähigkeit" selektieren.
Im GATS steht es jedoch grundsätzlich „jedem Staat frei, Bedingungen zu setzen" (Mayer) und damit in diesen Wettbewerb noch andere Kriterien als ökono-

mische hineinzureklamieren. Doch lassen sich z.B. Umwelt- und Sozialstandards nicht international durchsetzen: „Das wurde schon oft im Rahmen der WTO versucht." Da gab es Ansätze der USA und der EU. Erstere drohten mit Sanktionen, denn die EU wollte „jenen Ländern einen besseren Marktzutritt ermöglichen, die bereit sind, gewisse Mindeststandards einzuhalten. Das war ein Aufstand der Entwicklungsländer, die gesagt haben: Das ist nichts anderes als ein Ökoprotektionismus, Sozialprotektionismus oder ein Wiederaufleben des Kolonialismus. Alle diese Versuche sind bis jetzt in der internationalen Gemeinschaft gescheitert" (Mayer). Aber auch unter den entwickelten Ländern entstehen Probleme, wenn man z.B. Qualitätskriterien aufzustellen versucht, wie die Kontroverse um das Hormonfleisch sehr schön illustriert: „Die USA möchten in die EU Hormonfleisch importieren und stoßen auf Widerstand, weil die EU wegen des Gesundheitsrisikos das nicht will. Es ist nicht sicher nachgewiesen, ob Hormonfleisch negative Auswirkungen hat. Die USA haben daraufhin beim WTO-Schiedsgericht geklagt und gesagt: 'Das ist handelsverzerrend.' Die EU zahlt jetzt Strafzahlungen, weil sie sich immer noch weigert, das zu importieren" (Staritz).
GATS und das Modell des marktvermittelten Wettbewerbs gehen auf Destruktion, d.h. auf Abbau der Handelshemmnisse. Im Fokus ist, juristisch gesagt, nicht die *positive* Regelung, die Ausgestaltung nach den Bedürfnissen dieses Sektors, sondern der Abbau von Handelshemmnissen (Grossmann). Im Gesundheitssektor z.B. führt diese Ausrichtung auf Preise und kaufkräftige Nachfrager zur Individualisierung von Risiken und Fehlallokationen von Ressourcen mit hohen volkswirtschaftlichen Kosten. „Die kurative Medizin dominiert, echte Prävention und Gesundheitsvorsorge findet auf Grund des längerfristigen Zeithorizonts der Realisierung von Wirkung und Erfolg und der Nichtmonetarisierungsfähigkeit mancher Erfolgskategorien (z.B. zusätzliche Lebensjahre ohne Beeinträchtigung) nicht statt. Prävention degeneriert zum Marketinginstrument und orientiert sich an Wellness" (Mayr).
Der Leistungswettbewerb hingegen ermöglicht durch „das Abgehen von der hierarchisch-bürokratischen Steuerung Anreize für Innovation und Orientierung an den Bedürfnissen der BürgerInnen, ohne die negativen Wirkungen des marktvermittelten Wettbewerbs durch dessen Orientierung an Preisen und der kaufkräftigen Nachfrage auszulösen" (Mayr).
Derzeit ist zwar in Österreich für zahlreiche Bereiche von Public Goods, besonders jedoch im Soziabereich, der Wettbewerb bereits etabliert und für NGOs längst kein Horrorszenario für die ferne Zukunft (Chalupka), doch den Leistungswettbewerb gibt es nicht, weil die Ziele ungenau bzw. gar nicht festgelegt sind und auch nicht klar ist, wie diese gemessen werden sollen. Dies führt oft zu politischer Willkür bei der Auftragsvergabe. Gleichzeitig machen sich die Spielregeln des Marktes dadurch bemerkbar, dass es im Sozialbereich schon zu Prozessen wegen Wettbewerbsverzerrungen auf Grund der Mitarbeit von Freiwilligen gekommen ist (Chalupka).

Der demokratiepolitische Diskurs

Niemand in der gesamten Diskussion um das GATS behauptet, dass es im Zuge des Liberalisierungsprozesses um eine Weiterentwicklung der Demokratie ginge (vgl. im Gegensatz dazu den Beitrag zur Mediation von Heintel/Krainer in diesem Band). Das ist nicht das Thema, auch für die Befürworter nicht. Die EU-Kommission bezeichnet das GATS zuerst als ein Instrument im Interesse der Ökonomie, das ohne die enormen Initiativen der Dienstleistungskonzerne nicht zustande gekommen wäre.

Die demokratiepolitische Legitimierung des GATS beruht zum einen auf der Regel, dass kein Staat zu Liberalisierungsschritten gezwungen ist, sondern selbst bestimmt, welche Bereiche er für den Markt öffnen will und welche nicht. Sie beruht zum anderen auf dem Verweis, dass in diesen Entscheidungsprozessen, mit welchen Optionen Österreich in die nächste Verhandlungsrunde – vermittelt über die EU – geht, die eingespielten Verfahren politischer Willensbildung benützt werden.

Das Wirtschaftsministerium hat „einen Verteiler von ca. 30 Stellen, die alle Unterlagen bekommen. Das sind alle zuständigen Ministerien. Es ist nicht so, dass sich das Wirtschaftsministerium Kulturagenden nimmt, sondern wir fragen selbstverständlich das Bildungsministerium, Verkehrsministerium, Sozialministerium, Gesundheitsministerium, da sind alle Sozialpartner miteingebunden. Wir gehen hier viel weiter als die meisten EU-Mitgliedstaaten, es ist selbstverständlich das Parlament eingebunden. Es bekommt der Städtebund die Unterlagen, es bekommt der Gemeindebund die Unterlagen“ (Mayer). Doch dieser Willensbildungsprozess steht international unter Beschuss, da die Offenheit des nationalen Abstimmungsprozesses und der Umgang mit Informationen – z.B. über die Angebotslisten der Länder an die WTO für die nächste Runde der GATS-Verhandlungen – den Prozess in anderen Ländern präjudizieren. „Wir haben EU-interne Regelungen über die Weitergabe von als vertraulich bezeichneten Dokumenten. Da gibt es ganz strenge Regeln, wem man was geben darf. Österreich ist in der EU eines der Länder, das diese Regeln am großzügigsten auslegt. Deutschland, der deutsche Gewerkschaftsbund, bekommt keine Unterlagen vom deutschen Wirtschaftsministerium. Dann hören wir den Vorwurf: 'Wieso hat der deutsche Gewerkschaftsbund diese Unterlagen?' Weil sie ihm der ÖGB gegeben hat“ (Mayer).

Hier stellt sich die Frage, ob „so tief greifende politische Materien wie die Regulierung öffentlicher Leistungen sinnvoll in einem notwendigerweise zur Geschlossenheit tendierenden handelspolitischen Regelungswerk bearbeitet werden können“ (Grossmann), zumal in Österreich ein öffentlicher Diskurs über die grundlegende Thematik, wie öffentliche Güter in Zukunft zu organisieren sind, fehlt und von Seiten der Politik auch nicht angestoßen wird. So übernimmt de facto das Wirtschaftsministerium die Steuerung des Prozesses, der über die Zukunft des Gesundheits-, Bildungs- und Sozialsystems bestimmt. „Diese gepriesene Flexibilität des GATS setzt einen ganz entwickelten nationalen Diskurs voraus, was man in den einzelnen Sektoren will oder nicht. Auch der Binnenmarkt in der EU setzt einen solchen voraus. Mein Eindruck ist, und der beunruhigt mich wirklich, dass es diesen Diskurs in Österreich nicht gibt. Da ist schon die 'Dampfwalze', die Gefahr, dass das Handelsregime in Ermangelung spezifischer Politiken in den einzelnen Bereichen die Oberhand gewinnt" (Grossmann).

Besonders brisant wird dies dadurch, dass sich die formal-demokratisch legitimierte Steuerung des GATS-Prozesses auf den Zeitpunkt beschränkt, an dem über Bereiche, die für den Markt geöffnet werden sollen oder nicht, entschieden wird. Ist ein Bereich einmal liberalisiert, kann dies nicht mehr rückgängig gemacht werden. Alle im weiteren Verlauf anstehenden Entscheidungen und Konfliktregelungen werden an das Schiedsgericht der WTO delegiert.

„Die WTO ist die einzige internationale, globale Organisation, die ihre Verträge durchsetzen kann. Sie hat ein Schiedsgericht und kann Sanktionen verhängen. Das gibt es in allen anderen Organisationen nicht. Das ist eine vollkommene Ungleichheit auf globaler Ebene, dass es nur eine Organisation gibt, die wirklich ihre Verträge durchsetzen kann, und wir [ATTAC] sind nicht dafür, dass Sozialstandards und ArbeitnehmerInnenrecht auch in die WTO kommen, sondern dafür, dass es neben der WTO Organisationen gibt, die genauso mächtig, vielleicht noch mächtiger sind und sich auch wirklich durchsetzen können. Wir sind nicht gegen Freihandel. Die Ziele sind: nachhaltige Entwicklung, hohe Sozialstandards, Menschenrechte – und da ist die Frage: Wo kann Freihandel dazu beitragen? Unter dem Aspekt sollte man es auch betrachten und nicht unter WTO-Logik, die Freihandel zum Ziel macht" (Staritz).

Die Position des Schiedsgerichts gewinnt auch durch die bereits erwähnte große Rechtsunsicherheit in vielen Detailfragen an Gewicht, sodass die berechtigte Befürchtung besteht, dass man nicht mehr tut, „was man will", sondern das, „was sich einfach irgendwie dynamisch durchsetzt" (Weder).

Als weiterer Punkt im demokratiepolitischen Diskurs ist zu nennen, dass die Privatisierung öffentlicher Dienstleistungen einen entpolitisierenden Effekt hat. Wie die Diskussion um das Asylgesetz und die Asylantenbetreuung zeigt, sind gewinnorientierte Dienstleister „pflegeleichter", während gemeinnützige Organisationen durch ihre Verwurzelung in der Bevölkerung (Symphatisanten, Freiwillige, Spender) Unabhängigkeit und Kritikfähigkeit gewinnen und öffentliche Themen in die öffentliche Debatte einbringen (Chalupka).

Organisationsentwicklung des Öffentlichen

Besonders unterrepräsentiert in der öffentlich geführten Debatte um die zukünftige Entwicklung öffentlicher Dienstleistungen ist die Rolle der Organisationen, die diese Dienstleistungen erbringen. Zugleich beobachten wir generell einen deutlichen Wandel in allen Sektoren der Gesellschaft, was den Stellen-

wert von Organisationen angeht. Wir leben in einer Gesellschaft von Organisationen. Gesellschaftliche Probleme werden von Organisationen bearbeitet und gelöst oder gar nicht. Die moderne Gesellschaft ist damit in einem steigenden Ausmaß von der Leistungsfähigkeit ihrer Organisationen abhängig, in Bezug auf Lebensqualität, Humanität und Integrationsfähigkeit. Gesellschaftsreform ist konkret Organisationsreform. Damit wird die Investition in die Entwicklung der Organisationen eine Schlüsselaufgabe. Mit steigender Komplexität der zu bewältigenden Aufgaben nimmt auch der Komplexitätsgrad der Organisationen und die Vernetzung zwischen ihnen zu. Damit entziehen sie sich immer deutlicher einer linearen, direktiven Steuerung durch Politik und Gesetzgebung. Vor diesem Hintergrund kann der Zuspruch, den der Liberalisierungsschub durch das GATS findet, durchaus auch als Kapitulation einer primär staatlichen Lenkung von Entwicklung und Veränderung gesehen werden. Der Markt kann es besser, die Konkurrenz sorgt für eine Selektion nach Erfolg und Misserfolg. Also wird liberalisiert. Eine Reihe von gescheiterten Reformbemühungen – besonders augenfällig im Gesundheits- und Versicherungssektor – macht diesen Schwenk plausibel, der Glaube an die Reformierbarkeit komplexer sozialer Systeme durch die Politik scheint deutlich geschwunden zu sein.
Richtig daran ist, dass traditionell bürokratische Steuerung der Politik von Organisationen öffentlicher Dienstleistungen zum Scheitern verurteilt ist. Soziale Systeme lassen sich nicht von außen in eine bestimmte Richtung zwingen, sie sind sehr von ihrer internen Dynamik, ihren Strukturen und Ressourcen bestimmt. Sie sind von außen beeinflussbar, aber wie die Steuerungsimpulse aufgegriffen werden, ist immer eine Eigenleistung. Soziale Systeme bestimmen damit ihre Entwicklung selbst, von außen können förderliche Rahmenbedingungen für die interne Entwicklung gesetzt oder sie können destruiert werden. Steuerung – in diesem Verständnis – fordert die Steuerungsinstanzen mehr in ihrer Autonomie und Kompetenz als traditionelle Konzepte. Sie ist ein Vorgang zwischen selbstständigen Systemen.
Hier können wir den Begriff des leistungsorientierten Wettbewerbs wieder aufgreifen und an die Forderung anschließen, Organisationen öffentlicher Dienstleistungen und ihren Wettbewerb durch die Aushandlung klar definierter politischer Ziele zu steuern und die Art der Umsetzung dieser Ziele den Systemen zu überlassen. Für die Politik und die Verwaltungspraxis bedeutet das eine Umstellung von kasuistisch orientierten Konditionierungsprogrammen zur Steuerung über gestaffelte Zweckprogramme und die Aushandlung dieser Programme: gesundheitspolitische Ziele statt Ambulanzgebühren her und wieder weg. Diese Perspektive schließt auch besser an die Identität der Organisationen an. Hochschulen z.B. „sind nicht in diesem Sinn kommerziell orientiert. Wenn wir in Zürich versuchen, Doktoranden und Doktorandinnen zu gewinnen, dann tun wir das nicht, weil wir an denen verdienen wollen, selbst wenn wir hohe Gebühren hätten. Wir wollen die besten Leute haben. Wir wollen die beste Forschung machen“ (Weder). An der gegenwärtigen Praxis wird – besonders deutlich im

Sozialbereich – das Fehlen klarer Regelungen bei der Vergabe von Aufträgen beklagt. Stattdessen werden transparente Kriterien und Vorgaben eingemahnt. Dieser Sektor hat – an Wettbewerb seit gut einem Jahrzehnt gewöhnt – einen deutlichen Organisationsentwicklungsschub durchgemacht, die Organisationen haben sich „fit" gemacht. Sie sind dadurch einerseits selbstständiger und zugleich – über Zielvereinbarungen – auch steuerbarer geworden als bürokratisch gesteuerte Institutionen, bei denen die „Maßnahmen" immer andere Wirkungen erzielen als erwünscht.
Es stellt sich jedoch die Frage, ob diese Forderung nach zielorientierten Vergaberegelungen Chancen auf Realisierung hat. Appelle an die Politik haben Tradition, aber wenig Wirkung. Es braucht die Expertenorganisationen selbst auch dazu, um sinnvolle Ziele zu identifizieren. Wie soll ein Parlament allein in einem Universitätsgesetz, wie soll ein Ministerium sinnvoll und inhaltlich gehaltvoll vorgeben, was der gesellschaftliche Auftrag von Universitäten ist und was die Experten daher zu tun haben? Im Sozialbereich sollen daher „die NGOs und öffentlichen Geldgeber *gemeinsam* Qualität definieren, die Länder müssen dazu auch das fachliche Qualifikationsniveau erhöhen, um diese Standards entwickeln zu können" (Gratz).
„Das Einmahnen von politischen Zielen vom politischen System allein ist auch eine Engführung und eine Erwartung, die eigentlich old-fashioned ist. Das würde der Politik wieder so ein Zentrum zumuten, das sie nicht ist. Es ist auch ein Stück Selbstorganisation des dritten Sektors notwendig, die – bezogen auf das GATS – ziemlich schnell vor sich gehen muss, wenn man in einer formellen Form auf die Verhandlungen noch Einfluss nehmen will" (Grossmann).
Die Organisationsentwicklung der Dienstleister, sowohl jeder Organisation für sich als auch der Kooperationen zwischen ihnen (z.B. Netzwerke), verdient verstärkte Aufmerksamkeit bei der „Reform des Öffentlichen". Hier sind interessante Entwicklungen zu beobachten, die verstärkt und ausgebaut werden müssen. Sowohl bereits bestehende als auch neu entstehende Vernetzungen – z.B. für den Sozialbereich die Bundesarbeitsgemeinschaft der Sozialeinrichtungen, die Armutskonferenz – sind gefordert, ihren Entwicklungsprozess voranzutreiben.
Die dritte Möglichkeit der Steuerung neben Staat und Markt ist die der Netzwerkstruktur. Im Gesundheitssektor sind, um abschließend ein konkretes Beispiel zu nennen, in einer „Landeskonferenz" (Oberösterreich) alle Stakeholder des Gesundheitswesens vertreten: Krankenanstalten, Versicherungen, Sozialpartner und Organisationen der Zivilgesellschaft bis zu den Selbsthilfegruppen haben zusammen mit der verantwortlichen Gesundheitspolitik im Land die Aufgabe, Ziele, und zwar projektartige Ziele, zu entwickeln und zu definieren (Mayr).

Zitierte bzw. erwähnte Personen im GATS-Themenblock:

Michael Chalupka, Diakonie Österreich
Erhard P. Geisler, Vereinigung pharmazeutischer Unternehmen (Pharmig Wien)
Wolfgang Gratz, Fortbildungszentrum Strafvollzug des Bundesministeriums für Justiz (BMJ Wien)
Ralph Grossmann, Fakultät für Interdisziplinäre Forschung und Fortbildung (iff Wien)
Claudia Janecek, Wirtschaftskammer Österreich
Markus Jelitto, World Trade Organization (WTO)
Egon Matzner, Technische Universität Wien
Josef Mayer, Bundesministerium für Wirtschaft und Arbeit (BMWA Wien)
Johann Mayr, Oberösterreichische Gebietskrankenkasse
Cornelia Staritz, Vereinigung zur Besteuerung von Finanztransaktionen im Interesse der Bürgerinnen und Bürger (ATTAC Austria)
Hans Weder, Universität Zürich

Ralph Grossmann
Universitätsprofessor für Organisationsentwicklung, Organisationsberater, Abteilungsleiter der iff-Abteilung „Organisationsentwicklung – Organizing Public Goods" an der Fakultät für Interdisziplinäre Forschung und Fortbildung. Schwerpunkte in Forschung und Beratung: Steuerung und Organisationsentwicklung von öffentlichen Expertenbetrieben, Kooperation zwischen Organisationen und Entwicklung von Verhandlungssystemen, Qualifizierung und Coaching von Führungskräften, organisationales Lernen.

Peter Heintel
Universitätsprofessor für Philosophie und Gruppendynamik am Institut für Philosophie der Universität Klagenfurt; 1974-1977 Rektor der Universität Klagenfurt; Gründungsvorstand der iff (1979-1991); Vorsitzender des Senats der Universität Klagenfurt; Tätigkeit als Organisationsberater in zahlreichen in- und ausländischen Unternehmen.

Alfred Janes
Studium Wirtschaftsingenieurwesen und Soziologie an der Technischen Universität/Universität in Graz; Partner und Geschäftsführer von C/O/N/E/C/T/A, Unternehmens- und Organisationsberatung; Professor für Industriebetriebslehre und Change Management an der TU Graz; Ausbildungsmanager, Lehrtrainer und Lehrberater der ÖGGO; Trainer und Berater im Profit- und Non-Profit-Bereich seit 1985. Arbeitsschwerpunkte: Transformationsmanagement, Organisationsentwicklung, Personalwirtschaft, Supervisionen und Coachings, Beraterausbildung, Beratungstheorie, Organisationstheorie.

Larissa Krainer
Studium der Philosophie und Kommunikationswissenschaften an der Universität Klagenfurt; seit 1986 journalistische Tätigkeit bei verschiedenen regionalen und nationalen, kommerziellen, nichtkommerziellen und öffentlich-rechtlichen Medien in Österreich; 1995-1997 Landesgeschäftsführerin bei amnesty international Kärnten; Leiterin der iff-Abteilung „Weiterbildung und systemische Interventionsforschung"; Habilitation zum Thema: Medien und Ethik. Zur Organisation medienethischer Entscheidungsprozesse.

Hubert Lobnig
Studium der Psychologie und Sozialwissenschaften in Wien; Organisationsberater und Trainer, Lemon Consulting Wien; außerordentliches Mitglied der iff-Abteilung „Organisationsentwicklung – Organizing Public Goods". Arbeitsschwerpunkte: Begleitung von Veränderungsprozessen und Führungskräfteentwicklung. Spezialgebiet: Begleitung von organisationsübergreifenden Kooperationen und Netzwerken; tätig in Wirtschaftsunternehmen, öffentlichen Einrichtungen und Non-Profit-Organisationen.

Egon Matzner
Geboren 1938 in Klagenfurt; 1972-1998 Lehrstuhl für Finanzwissenschaft an der TU in Wien; lebte in Tunis, wo er zu Globalisierung in einer monopolaren Welt frei forschte; einschlägige Argumente zur Privatisierungsproblematik finden sich auf seiner Homepage http://members.aon.at/egonmatzner sowie in seinem Buch *Die vergeudete Republik. Wie sie wiederbegründet werden könnte* (Edition vabene, Klosterneuburg 2000). Er verstarb 2003.

Hans Pechar
Studium der Erziehungswissenschaft und Psychologie an der Universität Wien; mehrjährige Tätigkeit in der staatlichen Hochschulverwaltung; seit 1996 an der iff; seit 2003 a.o. Universitätsprofessor für Hochschulforschung; Leiter der iff-Abteilung „Hochschulforschung/Higher Education". Forschungsschwerpunkte: internationale Vergleiche von Hochschulsystemen, Bildungsökonomie sowie Chancengerechtigkeit im Bildungssystem.

Klaus Scala
Studium der Philosophie, Psychologie und Klassischen Philologie; Gruppendynamiker und Organisationsberater; Leiter des Zentrums für soziale Kompetenz an der Universität Graz; wissenschaftliche Tätigkeit an der iff-Abteilung „Organisationsentwicklung – Organizing Public Goods"; Lehrtrainer und Berater der Österreichischen Gesellschaft für Gruppendynamik und Organisationsberatung (ÖGGO).

Thomas Stern
Studium der Physik und Mathematik in Wien; Lehrer; seit 1994 Mitarbeiter an der iff bei Weiterbildungslehrgängen (PFL-Naturwissenschaften, ProFiL) sowie F&E-Projekten (IMST^2) mit den Forschungsschwerpunkten Qualität von Lehr-Lern-Prozessen, Evaluation im Bildungsbereich, Professionalitätsentwicklung, Organisations- und Systementwicklung.

iff texte online

http://www.uni-klu.ac.at/iff

FAKULTÄTSLEITUNG

Dekan:	O. Univ.-Prof. Dr. Roland Fischer	fon: +43-1-5224000-521
Prodekan:	Ao. Univ.-Prof. Dr. Wilhelm Berger	fon: +43-463-2700-6142
Dekanatsbüro:	Evelin Jansche	fon: +43-463-2700-6113
	Silke Pistotnik	fon: +43-463-2700-6111
		fax: +43-463-2700-1099

e-mail: iff.leitung@uni-klu.ac.at

ABTEILUNG „DIDAKTIK DER MATHEMATIK"

Leitung: Ao. Univ.-Prof. Dr. Edith Schneider; Sekretariat: Susanne Rauchenwald
A-9010 Klagenfurt, Universitätsstraße 65
fon: +43-463-2700-3106
fax: +43-463-2700-3199
e-mail: susanne.rauchenwald@uni-klu.ac.at

ABTEILUNG „HOCHSCHULFORSCHUNG/HIGHER EDUCATION"

Leitung: Ao. Univ.-Prof. Dr. Hans Pechar; Sekretariat: Anna Wögerbauer
A-1070 Wien, Schottenfeldgasse 29/4. Stock/Trakt I
fon: +43-1-5224000-121
fax: +43-1-5224000-178
e-mail: anna.woegerbauer@uni-klu.ac.at

ABTEILUNG „KULTUR- UND WISSENSCHAFTSANALYSE"

Leitung: Univ.-Ass. Mag. Dr. Markus Arnold; Sekretariat: Beate Milkovits
A-1070 Wien, Schottenfeldgasse 29/6. Stock/Trakt II
fon: +43-1-5224000-526
fax: +43-1-5224000-577
e-mail: beate.milkovits@uni-klu.ac.at

ABTEILUNG „ORGANISATIONSENTWICKLUNG – ORGANIZING PUBLIC GOODS"

Leitung: O. Univ.-Prof. Dr. Ralph Grossmann; Sekretariat: Helena Biritz
A-1070 Wien, Schottenfeldgasse 29/4. Stock/Trakt II
fon: +43-1-5224000-202
fax: +43-1-5224000-277
e-mail: helena.biritz@uni-klu.ac.at

ABTEILUNG „PALLIATIVE CARE UND ORGANISATIONSETHIK"

Leitung: Ao. Univ.-Prof. Dr. Andreas Heller; Sekretariat: Anna Hostalek
A-1070 Wien, Schottenfeldgasse 29/4. Stock/Trakt I
fon: +43-1-5224000-101
fax: +43-1-5224000-178
e-mail: anna.hostalek@uni-klu.ac.at

ABTEILUNG „POLITISCHE BILDUNG UND POLITIKFORSCHUNG"
Leitung: Ao. Univ.-Prof. Dr. Filzmaier; Sekretariat: Mag. Emanuela Norer
A-9010 Klagenfurt, Sterneckstraße 15
fon: +43-463-2700-6154
fax: +43-463-2700-6199
e-mail: emanuela.norer@uni-klu.ac.at

ABTEILUNG „SCHULE UND GESELLSCHAFTLICHES LERNEN"
Leitung: O. Univ.-Prof. Mag. Dr. Konrad Krainer; Sekretariat: Waltraud Rohrer
A-9010 Klagenfurt, Sterneckstraße 15
fon: +43-463-2700-6107
fax: +43-463-2700-6199
e-mail: waltraud.rohrer@uni-klu.ac.at

Standort Wien
A-1070 Wien, Schottenfeldgasse 29/6. Stock/Trakt II
Sekretariat: Sonja Engl
fon: +43-1-5224000-501
fax: +43-1-5224000-577
e-mail: sonja.engl@uni-klu.ac.at

ABTEILUNG „SOZIALE ÖKOLOGIE"
Leitung: O. Univ.-Prof. Dr. Marina Fischer-Kowalski; Sekretariat: Gerda Hoschek
A-1070 Wien, Schottenfeldgasse 29/5. Stock/Trakt II
fon: +43-1-5224000-401
fax: +43-1-5224000-477
e-mail: gerda.hoschek@uni-klu.ac.at

ABTEILUNG „STADT, RAUM UND REGIONALE ENTWICKLUNG"
Leitung: Ao. Univ.-Prof. Dr. Gerhard Strohmeier; Sekretariat: Roswitha Pogner
A-1070 Wien, Schottenfeldgasse 29/5. Stock/Trakt I
fon: +43-1-5224000-301
fax: +43-1-5224000-377
e-mail: roswitha.pogner@uni-klu.ac.at

ABTEILUNG „TECHNIK UND WISSENSCHAFTSFORSCHUNG"
Leitung: O. Univ.-Prof. Dr. Arno Bammé; Sekretariat: Andrea Laßnig
A-9010 Klagenfurt, Sterneckstraße 15
fon: +43-463-2700-6108
fax: +43-463-2700-6199
e-mail: andrea.lassnig@uni-klu.ac.at

Standort Graz „IFZ – TEWI“
A-8010 Graz, Schlöglgasse 2
Sekretariat: Reinhard Wächter
fon: +43-316-813909-12
fax: +43-316-810274
e-mail: waechter-r@ifz.tu-graz.ac.at

ABTEILUNG „WEITERBILDUNG UND SYSTEMISCHE INTERVENTIONSFORSCHUNG“
Leitung: Ao. Univ.-Prof. Mag. Dr. Larissa Krainer; Sekretariat: Ingrid Ringhofer
A-9010 Klagenfurt, Sterneckstraße 15
fon: +43-463-2700-6103
fax: +43-463-2700-6199
e-mail: ingrid.ringhofer@uni-klu.ac.at

ARBEITSBEREICH „INTERKULTURELLE SOZIALKOMPETENZ“
Leitung: DI Mag. Dr. Mario Patera; Sekretariat: Martina Wenzl
A-1070 Wien, Schottenfeldgasse 29/4. Stock/Trakt I
fon: +43-1-5224000-132
fax: +43-1-5224000-178
e-mail: martina.wenzl@uni-klu.ac.at

ARBEITSBEREICH „MUSEOLOGIE“
Leitung: Mag. Herbert Posch; Sekretariat: Roswitha Pogner
A-1070 Wien, Schottenfeldgasse 29/5. Stock/Trakt I
fon: +43-1-5224000-301
fax: +43-1-5224000-377
e-mail: roswitha.pogner@uni-klu.ac.at

BIBLIOTHEK iff-WIEN
A-1070 Wien, Schottenfeldgasse 29/5. Stock/Trakt II
Leitung: Bernhard Hammer
fon: +43-1-5224000-623
fax: +43-1-5224000-477
e-mail: bernhard.hammer@uni-klu.ac.at

Die iff ist auf Basis des UG 2002 ab 1. 1. 2004 als Fakultät für Interdisziplinäre Forschung und Fortbildung (Klagenfurt, Graz, Wien) der Universität Klagenfurt eingerichtet.

Sie finden die iff auf der Homepage der Universität Klagenfurt
http://www.uni-klu.ac.at/iff
und unter
http://www.iff.ac.at